Wladiwostok
Japanisches Meer
DVR Korea
Bejjing (Peking)
Pjöngjang
Seoul
Rep. Korea
Honschu
Tokio
Qingdao
Kyoto
Gelbes Meer
Hiroschima
Kyuschu
Nanking
Schanghai
Wuhan
Ost-chinesisches Meer
Ryukyu
Nanchang
Taipei
Taiwan
Shenzen
Hong Kong
Hanoi
Hainan
Luzón
Pazifischer Ozean
Vietnam
Manila
Philippinen
Ho-Tschi-minh Stadt
Palawan
Spratly I.
Mindanao
Mikronesien
Südchinesisches Meer
Brunei
Bandar Seri Begawan
Malaysia
Borneo
Halmahera
Sulawesi (Celebes)
Seram
Neuguinea
Indonesien
Papua-Neuguinea
Java
Bali
Kleine Sunda Inseln
Denpasar
Dili
Ost-Timor
Port Moresby
Timorsee
Darwin
Australien

Jochen Buchsteiner

DIE STUNDE DER ASIATEN

Wie Europa verdrängt wird

Rowohlt

1. Auflage September 2005

Lektorat Frank Wegner
Karte auf Vor- und Nachsatz Peter Palm, Berlin
Satz Plantin PostScript InDesign
bei Pinkuin Satz und Datentechnik, Berlin
Druck und Bindung Clausen & Bosse, Leck
Printed in Germany
ISBN 3 498 00646 0

INHALT

KRÄFTE IN ASIEN

ZAUNGAST EUROPA

ANHANG

Für Anton

Einleitung

Die heute Vierzigjährigen sind als erste Generation mit Asien in Berührung gekommen. In ihren Jugendzimmern standen Stereoanlagen von Sony oder Onkyo, vor den Schulen parkten Honda-Mofas und Suzuki-Mokicks, und zu den gängigen Sportangeboten gesellte sich Judo. Noch war es weit bis zu den ersten Sushi-Snacks und Billigreisen nach Bali oder Phuket, und unvorstellbar schien, dass ein Traditionsunternehmen wie Volkswagen nur eine Generation später mehr Autos auf dem chinesischen Markt absetzen sollte als auf dem heimischen deutschen. Die späten siebziger und frühen achtziger Jahre markierten so etwas wie den sichtbaren Anfang des asiatischen Wiederaufstiegs. Er kam daher in Form eines Kaufangebots, als harmloses Hallo aus einer fernen Welt.

Für die Jugend, die heute in den Städten Europas und Amerikas lebt, ist Asien zum festen Bestandteil der Alltagskultur geworden. Das Spiel mit japanischen Tamagotchis und Pokemons wird ihre Kindheitserinnerungen ähnlich prägen wie die Lektüre des ersten Harry-Potter-Buches. Sie arbeiten an taiwanischen Computern und bedienen in Indien programmierte Software. Der Restaurantbesuch beim Thailänder hat seine Exotik ebenso sehr verloren wie der Power-Yoga-Kurs.

In den Regalen der Jugendzimmer stehen neben den einschlägigen Musik-CDs aus dem Westen die Hits von Punjabi MC, in den Buchläden liegen Werke von Murakami oder Arundhati Roy selbstverständlich neben Jonathan Franzen oder Leon de Winter, in den Kinos laufen Filme von Wong Kar Wai oder Samurai-Phantasien von Quentin Tarantino. In nur zwanzig Jahren ist aus dem zarten Gruß ein kräftiges ‹Wir sind hier› geworden.

Noch wird der beachtliche Konsum- und Kulturexport als schöne Bereicherung wahrgenommen. Er ist da, so wie der Strom aus der Steckdose, und nur wenige interessieren sich für die Quelle, für die Kraft im Hintergrund. Das ist erstaunlich, denn der asiatische Kontinent hat sich in den vergangenen Dekaden zu einem gewaltigen Erzeuger aller denkbaren Energien entwickelt, und der Westen bekommt längst nicht mehr nur die angenehme Abwärme zu spüren. Der rasante wirtschaftliche Aufstieg am anderen Ende des eurasischen Kontinents bietet eben nicht nur vielbesungene ‹Chancen›, sondern bedrängt die Alte Welt auch mit immer stärkeren Zumutungen. Unternehmer fühlen sich gezwungen, ihre Geschäfte in den Osten zu verlagern, weil dort niedrigere Kosten und mehr Käufer warten. Zugleich drückt der direkte Wettbewerb auf die Arbeits- und Produktionsbedingungen in den (noch) reichen Ländern. Während Löhne und Gehälter fallen, steigen die Preise für Öl und andere Stoffe, die vermehrt aus Asien nachgefragt werden. Die Bedürfnisse der neuen asiatischen Verbraucher erhöhen die Umweltbelastung, auch im Westen. Von der ‹Win-win-Situation›, die Unternehmer und Politiker beschwören, wird bald nicht mehr viel zu sehen sein. Die Globalisierung bringt Asien voran – auf Kosten Europas und langfristig wohl auch auf Kosten Amerikas.

Längst hat sich der ökonomische Aufschwung in politische

Macht übersetzt. Schon heute üben Länder wie China und Indien mehr Einfluss auf die Weltpolitik aus, als den meisten Europäern bewusst ist. Die typische ‹Tagesschau-Haltung› – Was sagt Berlin? Was sagt Brüssel? Was sagt Washington? – vermag die Zusammenhänge in der Welt nicht mehr ausreichend zu erklären. Fast alle absehbaren Herausforderungen, die den Erdball in den kommenden Jahren und Jahrzehnten politisch in Atem halten werden, sind im Fernen Osten zu Hause: das strategische Mächteringen zwischen China, Indien und Amerika um die Vorherrschaft in Asien; die Krisenherde Kaschmir, Taiwan und Korea; das nukleare Wettrüsten; die Gefahr frei verfügbarer Massenvernichtungswaffen; die Brutstätten des islamischen Fundamentalismus vom Schlage Al-Qaidas.

Schon in einer Generation könnte die internationale Nachrichtenlage ganz anders aussehen. Weltpolitik wird im Jahr 2040 womöglich von einer ‹G3› geprägt, einer Allianz der Großmächte China, Amerika und Indien, die dann unter sich ausmachen, ob sie etwa in Europa intervenieren, wenn Massenproteste arbeitsloser Demonstranten die Lage in Berlin und Paris außer Kontrolle geraten lassen. Die Wirtschaftsmagazine berichten vielleicht über die erfolgreiche Übernahme des Microsoft-Konzerns durch Infosys und beschreiben den Wettlauf des indischen Giganten mit dem neuen chinesischen Mischkonzern Shanghai-Citibank-Automotives. Die Feuilletons wiederum könnten erstaunt registrieren, dass die internationalen Filmfestspiele in Mumbai erstmals seit langem wieder einen Beitrag aus Europa im Wettbewerbsprogramm zeigen, während der «Silberne Tiger» – die dann höchste Auszeichnung der Kinowelt – an eine koreanisch-malaysische Koproduktion gegangen ist.

Europa gleicht zu Beginn dieses Jahrhunderts einem Dorf, das von wuchtigen Neubausiedlungen bedrängt wird. Lange profitierte es von den Fremden am Rand, die zum Einkaufen ins alte Zentrum kamen. Doch inzwischen hat sich in den Siedlungen eigenes Leben entwickelt. Mehr und mehr Dorfbewohner zieht es an den Stadtrand, wo Gründerstimmung herrscht und Güter und Dienstleistungen noch billig zu haben sind. Gleichzeitig beginnen sich die reicher werdenden Neulinge ins alte Dorf einzukaufen. Immer höher schießen die Siedlungen in den Himmel und tunken das alte Zentrum in ihren Schatten. Das Dorf wird langsam nervös, aber seine Handlungsmöglichkeiten sind begrenzt: Umkehren kann es die Entwicklung nicht mehr – in seinen Händen liegt jetzt nur noch, welchen Platz es in der neuen Großraumsiedlung einnehmen will: den des schicken Altstadtviertels oder den des Slums.

In fünfzig oder hundert Jahren wird das Emporkommen Asiens mit einiger Wahrscheinlichkeit als wichtigste Zäsur unserer Zeit betrachtet werden, womöglich folgenreicher als die Repolitisierung des Islam. Noch fehlt das symbolische Datum, gewissermaßen der «11. September» des Wiederaufstiegs. War es womöglich ein unscheinbarer Tag wie der 8. Dezember 2004, als die Computersparte des amerikanischen Traditionsunternehmens IBM an die chinesische Linovo-Gruppe verkauft wurde? War es jener Tag im Mai 2005, als die ersten 200 Billigautos aus chinesischer Produktion im Hafen von Rotterdam ausgeladen wurden? Wird es ein prächtiges Ereignis wie die gigantomanisch geplante Eröffnungsfeier der Olympischen Spiele in Peking? Wird es ein Krieg? Die Umwälzungen erfassen uns schleichend, so wie die Entwicklung Amerikas zur Weltmacht das Europa des frühen 20. Jahrhunderts zunächst nicht zu berühren schien. Erst mit dem Eintritt der Vereinigten Staaten in den Ersten Weltkrieg wurde den meisten klar, dass sich die Verhältnisse verändert hatten.

Den Aufschwung Asiens als Epoche machenden Wandel

zu begreifen ist auch deshalb so schwer, weil es Asien, streng genommen, gar nicht gibt. Im Vergleich zu Europa und erst recht zu den Vereinigten Staaten handelt es sich um einen fragmentierten Kontinent. Zurzeit gibt es mindestens ‹zwei Asien›, das helle und das dunkle, den duftenden Café au Lait vor der herausgeputzten Oper in Hanoi und die verstümmelte Hand, die in Delhi ans Autofenster klopft, das lebenslustige Gelächter der Jugendlichen in Singapur und die Hassgesänge der Mullahs in Quetta. Es gibt das prosperierende, weltoffene, friedliche Asien – und das bitterarme, religiös-fanatische, gewalttätige Asien. Oft befinden sie sich in ein und demselben Land.

Wollte man eine Trennlinie durch den Kontinent ziehen, verliefe sie von Nord nach Süd, zwischen dem pazifischen und dem subkontinentalen Asien. Die Küstenregionen Chinas, Japan, Korea und das südöstliche Asien befinden sich im Großen und Ganzen auf einem konstruktiven Weg und schicken sich an, die Welt wirtschaftlich und eines Tages politisch zu dominieren. Die Regionen westlich des Golfs von Bengalen haben in den vergangenen Jahrzehnten überwiegend Unheil ausgebrütet. Sie bringen Fanatismen hervor, muslimische wie hindunationalistische, und sie zeigten sich lange Zeit unfähig, ihre ideologischen, ethnischen und sozialen Probleme zu lösen – erst die jüngere Entwicklung Indiens zur neuen Wirtschaftsmacht korrigiert das Bild. (Das weiter westlich anschließende, arabisch geprägte Gebiet, das die Inder «Westasien» nennen, gehört zwar geographisch zum Kontinent, wird aber in diesem Buch als Naher und Mittlerer Osten nur am Rande behandelt.) Was die etwa dreißig Länder verbindet, die hier als «Asien» beschrieben werden, ist ihre gemeinsame ethnische und religiöse Heterogenität, ihre Prägung durch die hinduistisch-buddhistische Kultur – sie behauptet sich selbst im größten muslimischen Land der Welt, Indonesien – und ihr regionales Wir-Gefühl. Auch wenn sich Thailänder in erster Linie als Thailänder bezeichnen und Inder als Inder, so akzeptieren sie doch als nächste Bezugsgröße das «Asiatische». Auf eine derartige Idee kämen Iraker oder Syrer kaum.

Die Wucht, die vom modernen Asien ausgeht, steckt in seinen widersprüchlichen Kräften. Die Menschen zwischen Bangalore und Schanghai drängen den Westen nicht nur mit ihrem wirtschaftlichen Ehrgeiz in die Defensive. Sie bedrohen ihn auch mit religiöser Radikalität und mit Terror. Vor allem aber konfrontieren sie ihn mit einem flächendeckenden Nationalismus, der die zahlreichen Krisenherde im Osten weiter befeuern wird. Dass sich überdies inmitten einer Phase nuklearen Aufrüstens in Asien zwei neue Großmächte – China und Indien – herausbilden, kündigt nicht nur neue Konflikte an, sondern auch eine Verschiebung der weltpolitischen Kraftfelder, deren Auswirkungen derzeit nur zu erahnen sind.

Mit der Stunde der Asiaten, die gerade anbricht, beginnt für uns keine einfache Zeit. Sie wird die Geschichte verändern und die Europäer zu einem neuen Selbstverständnis zwingen. Schon die Kinder der heute Vierzigjährigen, spätestens aber ihre Enkel drohen als Zaungäste am Weltgeschehen teilzunehmen. Im stolzen Bewusstsein, brave und friedfertige Multilateralisten zu sein, werden sie ihre Interessen in Anlehnung an eine oder mehrere der großen Mächte zur Geltung bringen müssen; die Geschicke können sie dann nicht mehr aus eigener Kraft steuern. Die Chancen Europas, in der Welt von morgen einen angemessenen Platz zu finden, schwinden mit jedem Tag, den es weiterhin nach innen schaut und die Augen vor der asiatischen Revolution verschließt.

WIEDERAUFSTIEG · Der Osten im Blick des Westens

Dass Asien eines Tages Europa und vielleicht sogar Amerika den Rang als führende Weltregionen ablaufen wird, ist keine neue These. Im Gegenteil, sie hat Tradition, wenn auch keine sehr erfolgreiche. Schon im 19. Jahrhundert stimulierte Asien, das seiner Geschichte und Größe wegen nie aus der Weltgeschichte wegzudenken war, die Phantasien von Politikern und Vordenkern. Nicht nur der deutsche Kaiser Wilhelm II. beschwor in der ihm eigenen Schlichtheit die «gelbe Gefahr». Karl Marx setzte sich mit der wiederkehrenden Dominanz des Kontinents auseinander, und Oswald Spengler fühlte sich nicht zuletzt von Asien zu seiner These vom «Untergang des Abendlandes» inspiriert. Sogar der amerikanische Präsident Theodore Roosevelt, zu dessen Zeit die Vereinigten Staaten als Weltmacht heranreiften und fast ganz Asien in westliche Protektorate eingeteilt war, warf zu Beginn des 20. Jahrhunderts einen erstaunlichen Blick in die Zukunft: «Die Geschichte der Menschheit begann mit einer mediterranen Epoche; sie hat sich in einer atlantischen Epoche fortgesetzt; und sie tritt gegenwärtig in eine pazifische Phase ein.»

Sie waren alle etwas früh dran. Das 20. Jahrhundert blieb ein atlantisches – und vor allem ein nordamerikanisches. Auch der Versuch, das 21. Jahrhundert zum «asiatischen» oder «pazifischen» zu erklären, schien zunächst von den Realitäten widerlegt zu werden. Die Wissenschaftler, Politiker und Journalisten, die vor zehn Jahren Derartiges prophezeit hatten, mussten ihre Parolen während der «Asienkrise» der späten neunziger Jahre kleinlaut zurücknehmen. Zum Schluss waren es doch immer die nackten Zahlen, die über die akademischen, oft schwärmerischen Projektionen triumphierten. Ende der neunziger Jahre, inmitten der aufkommenden China-Euphorie, platzierte der renommierte Politikwissenschaftler Gerald Segal einen Artikel in *Foreign Affairs* – dem Zentralorgan der internationalen Debatte –, der die Prediger von der neuen Welt ein für alle Mal zum Schweigen bringen sollte. Unter dem trockenen Titel «Does China Matter?» dekonstruierte Segal in allen relevanten Bereichen – Politik, Wirtschaft und Militär – die Idee einer chinesischen Überlegenheit. Segal bestärkte, vielleicht zum letzten Mal, all jene, die den Verkündern des asiatischen Jahrhunderts vorhielten, die Wirklichkeit aus dem Blick zu verlieren.

Nach der Millenniumwende wurden die «Realisten» leiser. Segals Aufsatz ist heute in fast allen Punkten widerlegt. China hat sich politisch wie militärisch zur unbestrittenen Vormacht in Asien entwickelt. Seine Wirtschaft – vom Markt bis zu den Devisenreserven – hat eine derart überragende Bedeutung erlangt, dass die immer noch stärkste Ökonomie der Welt, Amerika, keine wirklich unabhängige Politik mehr betreiben kann. In den Planungsstäben Washingtons herrscht kein Dissens mehr darüber, dass der einzig ernst zu nehmende Gegner – der strategische Rivale um die globale Hegemonie – in Peking sitzt.

Umgeben ist das Reich der Mitte von zwei Dutzend asiatischen Ländern, die sich, bei allen Konflikten und Verwerfungen, tendenziell in einer Aufwärtsbewegung befinden. Selbst notorische Troublespots wie Indonesien oder Sri Lanka erfreuen sich Wachstumsraten von über 5 Prozent. Geeint sind die so unterschiedlichen Länder Asiens in ihrem Wunsch, voranzukommen. Dass allerorten von «verstärkter Zusammenarbeit» mit Europa und Amerika die Rede ist, kann nicht darüber hinwegtäuschen, dass die Region den eigenen Vorteil anstrebt – und damit die sukzessive Verdrängung des Westens als dominanten Spieler in Weltwirtschaft und globaler Politik. Selbst der traditionsbewusste Weltendeuter – und dem Atlantizismus verhaftete – Henry Kissinger erblickt inzwischen im asiatischen Aufstieg den folgenreichsten Vorgang der internationalen Politik. Die Verschiebung von Weltmachtpotenzialen nach Asien, sagte er unlängst, sei «viel bedeutender» als die momentane militärische Überlegenheit Amerikas.

In beachtlichem Missverhältnis zu den tektonischen Transformationen, die sich im Dreieck Peking – Tokio – Delhi abspielen, steht die europäische Wahrnehmung des Kontinents. Die wenigen, die Asien überhaupt auf ihrer inneren Landkarte verzeichnen, schwanken noch immer zwischen spiritueller Verklärung und politischem Hochmut. Asien, das ist zum einen der romantische Hort der Weisheit, von Konfuzius und Laotse in China bis zu den modernen Ashrams Indiens; andererseits ist es der arme Kontinent der Überbevölkerung, der religiösen Konflikte und der korrupten Eliten.

Die klischeehafte Wahrnehmung Asiens hat eine lange Tradition. Durch das gesamte Mittelalter hindurch bis zu den Kolonialisierungen speiste sich das westliche Bild Asiens aus antiken Quellen. Das um 400 v. Chr. geschriebene Indienbuch des Ktesias erzählte Geschichten über sagenhafte Reichtümer und eigentümlich gestaltete Menschen und Tiere. In den hundert Jahre später verfassten Indienbeobachtungen des Megasthenes wurden erstmals Sitten und Gebräuche des fremden Volkes beschrieben. Die größte Fundgrube der Asieninteressierten war vermutlich der *Alexanderroman*, der im 3. Jahrhundert n. Chr. – etwa 600 Jahre nach dem Indienfeldzug Alexanders des Großen – kompiliert wurde. Das Werk, in dem sich Erlebtes und Märchenhaftes auf untrennbare Weise verbinden, beeinflusste die westliche Wahrnehmung Indiens und Asiens für viele Jahrhunderte. Erst die Renaissance mit ihren Eroberungen und die einsetzende Kolonialisierung verpassten dem Asienbild größeren Realitätsgehalt. Kühl beobachtende Prosa wie E. M. Forsters *A Passage to India* oder V. S. Naipauls *India* blieben gleichwohl die Ausnahme – typischer sind romantisierende Chronisten wie Joseph Conrad oder Tiziano Terzani, der seine letzten Jahre gewandet und frisiert wie ein heiliger Sadhu im indischen Himalaya verbrachte.

Geographische Distanz, erschwert durch politische Barrieren, wie sie das Osmanische Reich zwischen Europa und Asien schob, blockierte viele Jahrhunderte lang den direkten Austausch. Abgesehen von Alexanders Truppen und einigen Randeuropäern, die den mongolischen Reiterhorden kurzzeitig in die Augen blickten, hat die Alte Welt keine direkten Erfahrungen mit «den Asiaten» gemacht. Nie standen die Chinesen vor den Toren Wiens, nie führte ein Mogulherrscher Elefanten über europäische Bergketten. In den Weltkriegen des vergangenen Jahrhunderts bildeten sich zwar europäisch-asiatische Allianzen, aber wohl die wenigsten Deutschen hatten eine Vorstellung von ihren japanischen Kampfgefährten oder von geistig Verbündeten wie Sublash Chandra Bose, der mit Hitlers Billigung die Briten aus Indien vertreiben wollte.

Direkte europäisch-asiatische Begegnungen waren den wenigen Abenteurern vorbehalten, die als Wissenschaftler, Literaten, Handelsreisende, Soldaten oder Kolonialverwalter ostwärts gezogen waren. Um einen Asiaten in Europa zu sehen, musste man schon in Oxford oder Paris leben, in Lissabon oder in Amsterdam, wohin es gelegentlich einen Studenten aus den kolonialisierten Gebieten verschlug. Die Entkolonialisierung mit ihren politischen Wirren brachte erste asiatische Flüchtlinge nach Europa, aber sie blieben lange Zeit Exoten, die oft zurückgezogen lebten. Erst der wirtschaftliche Aufstieg Japans und wenig später Südkoreas, Hongkongs und Singapurs mischte den asiatischen Touristen und gelegentlich den Geschäftsmann ins europäische Straßenbild.

Dass zwischen Indus und Pazifik Hochkulturen zu Hause waren, als die Menschen dort, wo heute Berlin steht, noch unmotiviert im märkischen Sand stocherten, ist nicht vielen bekannt. Allenfalls historisch interessierte Asienreisende haben gelernt, dass die Menschen zwischen Java und Burma in zivilisierten Königreichen lebten, als die Europäer im innovationsfernen Mittelalter versanken. Kaum jemandem ist geläufig, dass noch zu Beginn der Neuzeit das China der Ming-Dynastie oder das Indien der Mogulherrscher dem Europa der Renaissance in vielerlei Hinsicht überlegen waren. In seinem Buch *Aufstieg und Fall der großen Mächte* dokumentierte der Historiker Paul Kennedy, dass zu Beginn der Neuzeit das mogulische Indien technisch mindestens auf Augenhöhe mit Europa stand. Dass in den folgenden Jahrhunderten Europa den Fortschritt vorantreiben würde, schrieb der Historiker, sei damals «keineswegs offensichtlich» gewesen. Politisch an den Rand gedrängt, hielt Asien noch bis ins 19. Jahrhundert hinein einen höheren Anteil an der Weltwirtschaft als Europa und Amerika zusammen. Erst Mitte des 19. Jahrhunderts veränderte sich dieses Verhältnis.

Auf dem politischen Radarschirm des Westens tauchte Asien auf, als es sich langsam aus der kolonialen Umklammerung löste. Der chinesische Boxeraufstand oder die indische Unabhängkeitsbewegung gaben den europäischen Mächten zu Anfang des vergangenen Jahrhunderts einen Vorgeschmack auf die Wiederkehr einstmals großer, stolzer Völker. Von da an dauerte es noch mehr als ein halbes Jahrhundert, bis sich Asien in Eigenregie reformieren sollte.

Nach 150 Jahren Betäubung ist der Kontinent wieder da – nicht als monolithisch zuckender Muskel, sondern als komplexer, aber vitaler Organismus. Leben eingehaucht hat ihm Amerika, das nach dem Zweiten Weltkrieg die erste Erfolgsgeschichte des Kontinents begründete: Japan. Wie meistens in der amerikanischen Außenpolitik, mischten sich in der Unterstützung der besiegten Macht idealistische Motive mit geostrategischen Interessen. Japan, später Südkorea und Taiwan sollten strahlende Gegenmodelle zum kommunistischen Asien werden, das vor allem in China, später in Nordkorea und Vietnam zu Hause war. Bis heute sind in Japan und Südkorea die größten amerikanischen Militärkontingente in Asien stationiert.

Anfang der siebziger Jahre, ein Vierteljahrhundert nach dem Zweiten Weltkrieg, hatte Japan wirtschaftlich Anschluss an den reichen Westen gefunden. Sein Bruttosozialprodukt erreichte den Umfang des bundesrepublikanischen. Danach eilte es den Ländern Europas in schnellen Schritten davon. Selbst die über zehn Jahre anhaltende Rezession, die erst im Jahr 2003 in ein leichtes Wachstum übergegangen ist, hat Japans Rang als zweitgrößter Wirtschaftsnation nichts anhaben können. Lange waren die Länder Asiens auf den japanischen Leuchtturm ausgerichtet. Tokio zeigte den anderen Hauptstädten, wie man als asiatisches Land Erfolg haben konnte. Die «Tigerstaaten» – Südkorea, Taiwan, Singapur und die damals britische Kronkolonie Hongkong – schlossen als Erste auf. In den späten achtziger Jahren setzte die zweite Tigergeneration zum Sprung an: Thailand, die Philippinen, Malaysia, Indonesien.

Vor fünfzehn Jahren hatte sich der asiatische Boom auch in Europa herumgesprochen. Große Konzerne wie Siemens oder Bayer, die immer in Asien aktiv gewesen waren, bauten ihre Geschäfte aus. Neue Investoren machten sich auf den Weg. Banken und Versicherungen versuchten, einen Fuß in die Tür zu bekommen, die von der neuen Mode der Liberalisierung geöffnet wurde. Unternehmer wie der Siemens-Vorsitzende von Pierer und der damalige deutsche Botschafter in Peking, Seitz, antichambrierten bei der Regierung Kohl und forderten Unterstützung ein. Lobbygremien wie der «Asien-Pazifik-Ausschuss der Deutschen Wirtschaft» wurden gegründet, Beratergruppen eingesetzt, die damalige Bundesregierung verabschiedete das erste deutsche «Asienkonzept».

Die nötige Wucht verlieh dem Thema aber erst die gesellschaftspolitische Diskussion. Politiker wie der Gründer von Singapur, Lee Kuan Yew, oder der malaysische Premierminister Mahathir formulierten provokante Thesen von der Überlegenheit «asiatischer Werte» gegenüber dem angeblich zersetzenden Liberalismus des Westens. Konfuzianische Tugenden wie Gehorsam, Disziplin und familiärer Zusammenhalt seien besser geeignet, moderne Volkswirtschaften effektiv zu entwickeln, behaupteten sie – und trafen im Westen nicht nur auf Widerspruch. Neben autoritär geneigten Law-and-Order-Politikern zeigten sich auch liberale Intellektuelle wie Sir Ralf Dahrendorf fasziniert und «herausgefordert» von den Stimmen aus der neuen Welt.

Dass die breite Mehrheit in Deutschland gleichwohl wenig mit diesen Ideen anfangen konnte, zeigte sich nach der großen Asienreise des sichtlich beeindruckten Bundespräsidenten Roman Herzog. Seinem Appell, sich etwas mehr von der Dynamik in Asien abzugucken, schlug die gleiche Entrüstung entgegen, die schon den Apologeten des «amerikanischen Modells» vertraut war. Als dann im Juni 1997 in Thailand die Währungskrise ausbrach und binnen weniger Monate beinahe den ganzen Kontinent ökonomisch in die Knie zwang, war die Genugtuung in westlichen Politikerkreisen nicht zu überhören. Der Parvenü hatte überdreht! Der Oppositionspolitiker Joschka Fischer, der sich damals für Außenpolitik zu interessieren begann, instrumentalisierte die Vorgänge für seine grüne Menschenrechtspolitik. Andere verwiesen schlicht auf die ehernen Stärken der sozialen Marktwirtschaft. Der «Rheinische Kapitalismus», so verschlafen er auch sein mochte, schien einen Sieg davongetragen zu haben. Seine Ausrichtung auf demokratische Teilhabe und soziale Kohäsion wirkte dem asiatischen «Raubtierkapitalismus» auf Dauer überlegen.

Lange hielt diese Gewissheit nicht an. Asien erholte sich rasch – ohne dabei «europäisch» zu werden. Viele Länder beherzigten die Ratschläge des Internationalen Währungsfonds, ordneten ihre Bankensektoren neu und schufen mehr Transparenz im Wirtschaftssystem. Andere, wie Malaysia, gingen eigene Reformwege und schotteten sich für einige Jahre von den internationalen Kapitalmärkten ab; auch sie kamen wieder auf die Beine. Das «gute Regieren» wurde zum Schlagwort, Werte wie Rechenschaftspflicht und Partizipation machten Karriere. In Indonesien wurde Asiens dienstältester Diktator – Suharto – von der «Reformasi»-Bewegung aus dem Amt gedrängt; es entstanden ein plurales Parteiensystem und eine freie Presse. Thailand verabschiedete eine Verfassungsreform, die die demokratischen Elemente stärkte. In Südkorea wurde der langjährige Dissident und Demokratieaktivist Kim Dae Jung zum Präsidenten gewählt.

Zum Star der Jahrtausendwende stieg aber der kapitalistische Einparteienstaat China auf, der von der Krise unberührt geblieben war. Die wachstumsverliebten Parteisekretäre in Peking entwickelten das Reich der Mitte in atemberaubendem Tempo. Auf dem chinesischen Sonderweg wurde das Land zum größten Absatzmarkt Asiens und zugleich zur Werkbank der Welt. Was noch wenige Jahre zuvor für Zukunftsmusik gehalten wurde, erfüllte plötzlich mit einem Paukenschlag den Raum: China forderte Japan auf Platz eins in Asien heraus. Während sich die Asiaten im Südosten wieder berappelten, betrat ein weiterer Akteur die internationale Bühne: Indien. Zwar war schon seit Anfang der neunziger Jahre das «Potenzial» der weltgrößten Demokratie gerühmt worden, aber erst mit den Wirtschaftsreformen der konservativen BJP-Regierung sprach man vom Erwachen des «zweiten Giganten». Indien baute seine «strategische Partnerschaft» mit den Vereinigten Staaten aus und begann, seine schwierigen Beziehungen mit China zu entspannen. Die Politiker des Westens, vom amerikanischen Außenminister Powell bis zum EU-Kommissionspräsidenten Prodi, schwärmten von der zweiten «werdenden Supermacht» und verstärkten ihre Reisetätigkeiten. Heute steht Asien als Ganzes im Blickfeld – als Kontinent der Zukunft.

ASIENS KRÄFTE

EHRGEIZ · Von Menschen und Zielen

Unter Delhis Vermietern ist man sich ziemlich einig, dass die besten Mieter aus dem Westen kommen. Sie tun, was indische Mieter nie täten: das Doppelte des Marktüblichen zahlen, das Geld für ein Jahr im Voraus in Plastiktüten auf den Tisch stellen, auf eigene Kosten renovieren und Kündigungsfristen einhalten. Die Zeiten, da der «weiße Mann» hofiert, geachtet und bewundert wurde, sind auf dem Subkontinent lange vorbei. Man muss schon aufs Land hinaus, um noch einen Abglanz der alten Ordnung von oben und unten zu erhaschen. In den Städten, auf Behörden, in den Restaurants und bei der Arbeit werden Europäer bestenfalls freundlich behandelt, oft pragmatisch – und nicht selten von oben herab.

Das ist in Shanghai, Singapur und Kuala Lumpur nicht viel anders. Kaum ein Europäer, der in den Boomstädten Asiens beruflich unterwegs ist, bleibt von der Erfahrung einer gewissen Kühle verschont. Die Aufholerfolge der vergangenen Jahre haben das Selbstbewusstsein der Asiaten gestärkt und zumindest in den Eliten eine Kultur der Überheblichkeit begründet. Ein frühes und zugleich prominentes Opfer asiatischer Arroganz war Klaus Kinkel, Kohls zweiter Außenminister. Als er im Jahr 1997 Malaysia besuchte, richtete der damalige stellvertretende Premierminister Anwar Ibrahim ein Abendessen für den Gast aus. Nach Kinkels etwas hölzerner Rede, die aus dem Deutschen übersetzt werden musste, sprang der jungenhafte Anwar auf die Bühne und erteilte dem Minister eine Lektion in elegantestem Englisch. Er wisse, dass die deutsche Wirtschaft strauchele, sagte er und krempelte grinsend die Hosentaschen nach außen. Dann forderte er Kinkel persönlich auf, nach der Rückkehr den arbeitslosen deutschen Facharbeitern die Auswanderung nach Malaysia anzubieten. «Hier gibt es genug zu tun, hier verdient man gutes Geld.» Kinkel war nicht nur positiv beeindruckt, nahm die Angelegenheit aber sportlich; kurze Zeit später brach die Asienkrise aus, und Anwar verschwand für viele Jahre im Gefängnis.

Die Herablassung, mit der viele Europäer behandelt werden, mündet aber zuweilen auch in handfester Missstimmung. Ein deutscher Spitzenbeamter verriet unlängst in privater Runde, warum der deutsche Wirtschaftsminister Clement so unerklärlich lange brauchte, bis er das erste Mal den Boden des Boomlandes Indien betrat. Clements Reiseunlust entstand auf der Welthandelskonferenz in Cancun, wo die deutsche Delegation eines Abends – als die Verhandlungen ins Stocken geraten waren – um ein informelles Gespräch mit den Indern bat, die auf dem gleichen Stockwerk wohnten. «Die Inder hielten es nicht mal für nötig, auf unsere Anfrage zu reagieren», empörte sich der Beamte noch Monate später und fügte an: «Warum sollte Clement über das Mittelmeer und den Hindukusch fliegen, wenn die Inder uns nicht mal über den Flur entgegenkommen?»

Nicht nur europäische Politiker, auch Diplomaten, Geschäftsleute, Journalisten und Wissenschaftler wissen von solchen Erlebnissen zu berichten. Oft gründet die Arroganz der Eliten im Bewusstsein einer sprachlichen und biographischen Überlegenheit. Viele asiatische Erfolgsmenschen wurden an amerikanischen Universitäten ausgebildet oder bedienen sich – wie Inder und Singapurer – des Englischen als Muttersprache. Auch sind sie oft erfahrener im internationalen Geschäft als die Kontinentaleuropäer, die manchmal erst im fortgeschrittenen Alter den ersten «Expat-Job» antreten. Während in Asien Auslandserfahrung als unverzichtbar für den Weg nach oben betrachtet wird, gelten in Deutschland, Frankreich oder Italien längere Aufenthalte fern der Heimat eher als Karrierebremse. Grundiert wird das asiatische Selbstbewusstsein von der Gewissheit, aus einer Weltregion zu stammen, der die Zukunft gehört. Vor allem Inder und Chinesen lieben es, den Europäern vorzurechnen, wie der Globus von morgen aussieht, wenn sich die wirtschaftlichen und demographischen Parameter weiter linear entwickeln. Sie stehen wie der fröhlich-ambitionierte Student vor dem soignierten Herrn, der seinen Wohlstand nicht mehr lange wird genießen können.

Triumphalismus, Leistungsethik, intellektuelle Ungeduld – das sind nicht unbedingt die Eigenschaften, die den Asiaten traditionell zugesprochen werden. Die Moderne hat von den ehrwürdigen Theorien des Westens über den Osten nicht viel übrig gelassen. Kohorten von Denkern meinten, eherne Gegensätze zum Osten ausmachen zu können. Asien war statisch – Europa dynamisch; Asien autoritär – Europa freiheitlich; Asien spirituell – Europa materialistisch. Allzu oft reflektierten die Theorien bestenfalls historische Momentaufnahmen. Hegels These von der «geschichtlichen Unwandelbarkeit» Chinas wurde spätestens mit der Kulturrevolution ad absurdum geführt; im Zeichen der Glitzerfassaden von Pudong wirkt sie geradezu aberwitzig. Auch Max Webers religionssoziologische Erklärungen, die etwa Hinduismus und kapitalistische Leistungsethik als unvereinbar darstellen, lassen sich aus dem modernen Bangalore betrachtet nur noch schwer begründen.

Selbst der jüngere Blick auf Asiens Erfolge ist oft verzerrt. Die Japan-Euphorie der achtziger Jahre produzierte den Topos des leistungswütigen, unmenschlich disziplinierten Arbeitsroboters. Moderne Japaner entsprechen diesem Bild so wenig, wie chinesische Arbeiter das Klischee bedienen, zentral gesteuerte Zwangsarbeiter ohne individuelle Eigenschaften zu sein. Asiaten sind sich in der Regel der Härten ihres Erwerbsalltages durchaus bewusst und ziehen individualisierte Arbeitsplätze dem Massenerlebnis am Band oder im Großraumbüro allemal vor.

Jahrtausende, in denen Asiaten und Europäer getrennte Prägungen erfahren haben, ließen Unterschiede hervortreten. Aber sie erweisen sich als nicht so ewig, wie es das berühmte Kipling-Zitat glauben machen will, nach dem sich «Ost und West nie treffen werden». Noch immer legen Asiaten Verhaltensweisen an den Tag, die Europäern eher fremd sind: die Neigung, Konflikte zu überspielen, statt kontrovers zu erörtern; die Vermischung dessen, was in Deutschland ‹Dienst und Schnaps› genannt wird; die Scheu, Eigenwilligkeit herauszustellen; der ausgreifende Familiensinn. Aber es lässt sich eben oft genug auch das Gegenteil finden: Journalisten in Pakistan oder Thailand, die die regierenden Politiker bis aufs Blut reizen; moderne Banker oder Anwälte in Singapur, die ihre Geschäftspartner nie zu Hause empfangen würden; es gibt offene Transvestitenstriche in Indonesien und wenig familienorientierte Eltern in Indien, die ihre Kinder eigenhändig verstümmeln, um ein paar Rupien mehr in der Bettlerkasse klingeln zu hören.

Persönliche Interessen der Gemeinschaft unterzuordnen ist auch Europäern nicht fremd; erst mit der Renaissance wurde der Individualismus wiederentdeckt und in der Aufklärungsepoche in ein Persönlichkeitsrecht überführt. In Asien erlebt die Kollektivkultur eine verspätete Perforation. Auf dem Land sind die klassischen asiatischen Gemeinschaften, die sich als Teil eines ganzheitlichen Universums begreifen, noch heute anzutreffen. Aber in den wachsenden urbanen Zentren lösen sie sich langsam auf. Überlebt haben Clanstrukturen und Großfamiliensolidarität, aber sie gleichen oft genug reinen Nutzgemeinschaften. Mit der fortschreitenden Segmentierung der Gesellschaften steigt auch in Asien die Zahl der Scheidungen, der Single-Haushalte und der Seniorenheime. Eine Umfrage, die die indische Regierung im Frühjahr 2005 in 40 000 Haushalten durchgeführt hat, ergab, dass nur noch 40 Prozent der Inder in Großfamilien leben. In den Städten haben sich fast 40 Prozent mit dem Gedanken abgefunden, dass sie im Alter nicht von ihren Kindern unterstützt werden. Auf dem Land stellt sich immerhin jeder Dritte darauf ein, den Ruhestand allein finanzieren zu müssen.

Nachholhunger

Im 21. Jahrhundert treten uns Asiaten nicht mehr als «Andere» gegenüber, die das Gleiche anders machen, sondern als «Gleiche», die das Gleiche besser machen. Ihre Stärke gründet nicht in einem anthropologischen Vorteil, sondern in recht generellen Disziplinen: Sie sind zahlreich, sie sind jung, und sie glauben an morgen. Drei Milliarden Menschen leben östlich des Hindukusch, das ist die Hälfte der Menschheit. Bis in die achtziger Jahre waren zwei von drei Asiaten hinter einer unsichtbaren Mauer verborgen. Erst mit der Öffnung Chinas Ende der siebziger Jahre und derjenigen Indiens Anfang der neunziger traten plötzlich mehr als zwei Milliarden Menschen aus dem Schatten und wurden zu Produzenten, Anbietern und Konsumenten. Dieser oft als Revolution beschriebene Prozess war in Wahrheit nur die unerhörte Rückkehr zur Normalität.

Grob gesagt, ist heute ein Drittel der Asiaten arm, ein Drittel befindet sich auf dem Weg in die Moderne, und ein Drittel lebt auf europäischem Entwicklungsniveau – irgendwo zwischen dem polnischen Bauern, dem griechischen Lehrer und dem Schweizer Notar angesiedelt. Bei einer regionalen Wachstumsrate von durchschnittlich 6 Prozent verschieben sich die Anteile rasant zugunsten des wohlhabenderen Drittels. Schon heute sind mehr Asiaten ans Internet angeschlossen als Europäer, auch befinden sich in Asien mehr Handys im Einsatz. Noch fahren nur halb so viele Autos durch die neue Welt, aber Unternehmen wie Volkswagen rechnen damit, dass sie in den kommenden Jahren allein in China 60 Prozent mehr Autos verkaufen werden als im deutschen Heimatland.

Noch Mitte der neunziger Jahre wurde prognostiziert, dass China mehrere Dekaden brauchen werde, um wirtschaftlich auf Augenhöhe mit Japan zu kommen. Es dauerte nicht einmal ein Jahrzehnt, bis die Volksrepublik seinen Nachbarn als größten asiatischen Exporteur ablöste. Deutsche, die heute in der Mitte ihres Berufslebens stehen, werden noch vor ihrem Ruhestand erleben, dass sie als drittgrößte Volkswirtschaft der Welt zunächst von China und dann von Indien verdrängt werden und dass in Asien ein höheres Volkseinkommen erwirtschaftet werden wird als in Europa. Junge Europäer, die heute in die Schule gehen, werden wohl damit leben lernen, dass sie in der Welt keine Trends mehr setzen, sondern bestenfalls Nischen besetzen, die die großen Drei – China, Indien, Nordamerika – gewähren werden.

Ein Fundament des Aufstiegs ist die günstige Altersstruktur der asiatischen Gesellschaften. Selbst China, das sein Bevölkerungswachstum mit der umstrittenen Ein-Kind-Politik zu drosseln sucht, wird nach Schätzungen der Asiatischen Entwicklungsbank im Jahr 2050 fast 20 Prozent mehr Einwohner haben als heute. Indien soll im Berechnungsjahr mit 1,57 Milliarden Menschen – das sind 50 Prozent mehr als heute – an China vorbeigezogen sein. In ganz Asien werden dann nicht mehr 3, sondern 4 Milliarden Menschen leben. Die Vereinigten Staaten sollen bis zum Jahr 2050 auf 400 Millionen Einwohner gewachsen sein, während Westeuropa – genauer: die «alte EU» der 15 – auf 365 Millionen Einwohner geschrumpft sein wird.

Auch die Asiaten laufen mit wachsender Prosperität in die Altersfalle, aber im Verhältnis zu Europa stehen sie immer noch gut da. In China, das nach den voll entwickelten asiatischen Volkswirtschaften als größter demographischer Problemfall gilt, soll der Anteil der über 65-Jährigen in den kommenden fünfzig Jahren von 7 auf 23 Prozent steigen. In Europa wird dagegen im Jahr 2050 mehr als jeder Dritte das Rentenalter erreicht haben – 35 Prozent. Bei allen Schwierigkeiten werden die Asiaten in den kommenden Jahrzehnten in weitaus gesünder aufgebauten und damit potenziell produktiveren Gesellschaften leben. In Indien beträgt das Durchschnittsalter heute 26 Jahre, in Amerika liegt es bei 35, in Deutschland bei über 40. Niemand kann wissen, ob unerwartete Ereignisse wie Kriege, Seuchen und Naturkatstrophen diese Zahlen verändern. Auch können gewollte und ungewollte Wanderungsbewegungen die Prognosen nach oben oder unten justieren. Am allgemeinen Trend wird dies aber wenig ändern – und der stärkt die Asiaten, während er die Europäer schwächt.

Gesellschaften im Aufbruch entwickeln traditionell dynamische Tugenden: Neugier, Experimentierlust, Risikofreude.

Immer mehr Asiaten leben in einem energetischen Umfeld: Sie sehen, wie ringsum alles wächst, wie der Bankautomat im eigenen Viertel aufgestellt wird, wie das schäbige Postamt ins Hochhaus umzieht, wie der Schwager neuerdings im Anzug zur Arbeit geht – und morgen öffnet die neue U-Bahn. Nur auf Inseln verwirklichten sie bisher das europäische Ideal des intakten, sozial ausgewogenen Gemeinwesens: in Japan, Singapur, Hongkong, Taiwan. Die meisten Länder Asiens leiden indessen unter sozialen Disparitäten und alltäglichem Chaos. Die Verdichtung von Zivilisation, Kultur und Wohlstand, wie sie europäische Metropolen herausgebildet haben, ist in Asien noch nicht zu finden. Aber anders als Paris, München oder Rom befinden sich Bangkok, Delhi oder Peking in einer Aufwärtsbewegung. Für jede Bibliothek, die in Europa geschlossen wird, entstehen zehn Kinos in Asien, für jedes Hallenbad, das im alten Westen stillgelegt wird, schießen zehn Wellness-Center aus östlichen Böden.

Der Motor, der Asien in den vergangenen Jahrzehnten nach oben gefahren hat, brummt nicht in den Eliten, sondern in den Mittelschichten. Es sind die Millionen von Kleinunternehmern und Angestellten, von Geschäftsgründern und «Office Girls», die das Wachstum erwirtschaften und immer neue Bedürfnisse schaffen. Sie sind ehrgeizig – und das im Wortsinne: Sie geizen mit der Ehre gegenüber dem Hergebrachten, gegenüber den alten Werten und den alten Vorbildern.

Nirgendwo zeigt sich dieser Ehrgeiz so pur wie auf dem nervösen, kraftvollen Arbeitsmarkt Asiens. Wer etwa in Delhi eine Stelle ausschreibt, zum Beispiel für eine Sekretärin in einem Korrespondentenbüro, erlebt Überraschungen. Binnen kürzester Zeit quillt die Mailbox mit erstaunlichsten Bewerbungen über. Erfahrene Sekretärinnen, die ihren Job wechseln wollen, bewerben sich kaum – dafür diplomierte Übersetzerinnen, studierte Marketingexpertinnen, graduierte Callcenter-Managerinnen. Manche Bewerberinnen sind unter 25 und haben nach ihrem Universitätsabschluss bereits in fünf oder sechs Jobs gearbeitet. Alle beherrschen mindestens zwei Sprachen, viele drei, vier oder fünf. Ihre Bewerbungen beginnen mit dem Stichwort ‹Ziel›, das etwa mit den Worten definiert wird: «Durch harte Arbeit und Hingabe mit der Organisation wachsen.» Für ein Monatsgehalt von 400 Euro sind fast alle Frauen bereit, ihre bisherige Arbeitsstelle zu verlassen – noch am selben Tag, denn Verträge sind in den modernen Dienstleistungsbranchen Indiens so unüblich wie Kündigungsfristen.

Aus europäischer Sozialstaatsperspektive betrachtet, verdienen diese Frauen Mitleid: Sie suchen Arbeit, für die sie überqualifiziert sind, sie verdienen einen lächerlichen Monatslohn, und sie genießen keinerlei Absicherung. Durch die asiatische Brille gesehen, geht es ihnen hingegen prächtig: Sie wechseln so oft, bis sie das Passende gefunden haben, ihr Gehalt wächst jährlich um 6 bis 10 Prozent, und um ihre Absicherung machen sie sich wenig Gedanken – es geht ja aufwärts und wird sich schon richten.

Experimentierlust

Oft ist der Vergleich mit der europäischen Gründerphase gezogen worden – was ihn nicht falsch gemacht hat. Zu Beginn des 21. Jahrhunderts drückt es auf Asien, wie es hundert Jahre zuvor auf Europa gedrückt hat: immer mehr Menschen, die Arbeit und Wohnraum brauchen; immer mehr Ideen, die die alten Traditionen infrage stellen; immer mehr Innovationen, die das herkömmliche Erwerbsleben umkrempeln. So wie die

Industrialisierung Europas im Laufe der Jahrzehnte eine neue Ordnung schuf, die schließlich im Sozialstaat deutscher Prägung zur überreifen Blüte getrieben wurde, so zwingt die Modernisierung Asiens die Gesellschaften zu Anpassungen noch ungeklärter Art. Die Dinge sind nicht geordnet, sie reiben sich – aber gerade deshalb glüht und funkt es.

Bis in den Städtebau hinein lässt sich die Parallele verfolgen. So wie die europäischen Metropolen ihr Gesicht um die Wende zum 20. Jahrhundert erhalten haben, so entstehen derzeit die Großstädte Asiens. Wo einst in Berlin die Baudenkmäler Schinkels ins neue wilhelminische Stadtbild eingefügt wurden, berücksichtigen heute die Bauplanungen in Bangkok die Lage alter Tempel und Paläste. In weiteren hundert Jahren werden neue Gebäude hinzugekommen sein, aber die Substanz der asiatischen Städte wird in unserer Zeit entstanden sein.

Geschichte wiederholt sich nicht, und auch die Asiaten kopieren nicht einfach mit hundertjähriger Verspätung das europäische Wunder. Die Industrialisierung traf den Westen anders, als die Globalisierung auf den Osten wirkt. Industrielle Massenproduktion, moderne Forschung und Wissenschaft entfesselten sich auf europäischem Boden und wurden dann, regional geprägt, exportiert. Die Globalisierung entwickelte sich, ihrem Wesen entsprechend, interkontinental. Sie hat bei aller amerikanischen Dominanz ein Allerweltsgesicht. Asien importiert kein Phänomen, es ist Teil eines Prozesses, den es selber mitgestaltet. Während Europa alle Erfahrungen und auch alle Fehler allein machen musste, können die Asiaten vergleichen. Sie kennen die Schwächen und Stärken in den teils weiter entwickelten Ländern des Westens. Im Idealfall übernehmen sie, was nützt, und lassen aus, was schadet.

So erlebt Asien eine chaotische Gleichzeitigkeit von Rückstand und Hypermoderne. Die hektischen Suchbewegungen durchgeschüttelter Gesellschaften gebären Experimente, die sich in Europa keine Regierung trauen würde. Nicht in Berlin oder München – in Shanghai ist der erste Transrapid der Welt kommerziell auf die Schiene gesetzt worden. Während im Westen Lobbyisten bedrohliche Rechnungen für die Abkehr vom Benzinmotor aufmachten, haben Städte wie Delhi und Dhaka über Nacht ihren gesamten öffentlichen Nahverkehr – Busse, Taxis, selbst Autorikschas – auf Gasantrieb umgestellt; Bangkok, Jakarta und andere Metropolen wollen dem nacheifern. Es scheint paradox: Die modernsten Investitionen in den Umweltschutz werden ausgerechnet in jenen Städten ausgeheckt, die noch für lange Jahre zu den dreckigsten der Welt zählen werden.

Ähnlich widersprüchlich funktioniert die Wirtschaft. In vielen Bereichen präsentieren sich die asiatischen Länder tatsächlich als verlängerte Werkbänke der Welt und erinnern an Zustände in der Industrialisierungshölle von Manchester. Aber gleich nebenan probieren Unternehmen völlig neue Geschäftsideen aus. Die als Software-Klitsche gegründete Firma Infosys aus Bangalore hat ein globales Liefersystem entwickelt, das nach Meinung von Fachleuten den weltweiten IT-Dienstleistungsmarkt revolutionieren kann. Infosys bietet Großkunden in aller Welt an, praktisch jede Abteilung in Bangalore effektiver und preiswerter zu führen. In Bangalore, wo sich auch die Infosys-Konkurrenten Wipro und TCS niedergelassen haben, lässt Siemens seine Kundeninteraktion überprüfen, Cisco seine Zukunftsprodukte entwickeln und Ferrari seine Formel-1-Motoren digital optimieren.

Inzwischen kann Indien nahezu jede wissensbasierte Dienstleistung effektiver und preiswerter anbieten. Der schwedische Kraftwerkbauer Alstom hat mittlerweile 300 indische

Ingenieure beschäftigt. Sie entwerfen nicht weniger als «die umweltfreundlichen Kraftwerkslösungen der nächsten Generation», wie es bei Infosys heißt. Bosch arbeitet inzwischen mit 3400 Entwicklern in Bangalore. Sie produzieren nicht nur Software, sondern Navigationssysteme und modernste Motorsteuerungen. Immer mehr europäische Unternehmen kommen nicht mehr nur aus Kostengründen nach Indien, sondern weil sie gleichermaßen qualifiziertes Personal in Deutschland kaum noch finden können.

Indien, am Pro-Kopf-Einkommen gemessen immer noch eines der ärmsten Länder Asiens, reüssiert auch als Biotech-Standort und hat auf diesem Feld mittlerweile die Industrienationen Japan, Korea und Taiwan abgehängt. Kiran Mazumdar-Shaw, die Chefin der Firma Biocon India, ist zu einer der reichsten Frauen des Landes geworden und lässt sich von den Magazinen auf den Titelcovern abbilden. Ihr Aufstieg spiegelt das Unorthodoxe vieler asiatischer Karrieren. Als Tochter eines Brauereimeisters wollte sie das Geschäft des Vaters internationalisieren und ging zum Studium der Braukunst nach Australien. Als sie nach ihrer Rückkehr Ende der siebziger Jahre feststellte, dass sie als Frau in der indischen Brauwelt nicht sehr willkommen war, mietete sie im Alter von 25 Jahren eine Garage an und begann Enzyme aus Papayas und Tropenfischen zu isolieren, die sie an die kleine irische Firma Biocon verkaufte. Als die vom Chemieriesen Unilever übernommen wurde, baute sie die Zusammenarbeit mit dem Konzern strategisch aus, bis sie ihm die Anteile an Biocon abkaufen konnte. Jetzt arbeitet sie an der Herstellung körpereigenen Insulins sowie an Impfstoffen gegen Krebs. Sie beschäftigt über 1000 Mitarbeiter und träumt davon, zu den zehn größten Biotech-Firmen der Welt aufzuschließen. Gelingt ihr der Durchbruch mit dem Oralinsulin-Projekt, rückt dies in Reichweite: Millionen von Diabetikern auf der ganzen Welt könnten die Spritze beiseite legen und ihren Insulinhaushalt mit Pillen steuern.

Leidensfähigkeit

Anders als die Europäer konnten sich die Asiaten nie ausruhen. Die Generationen, die heute im europäischen Erwerbsleben stehen, haben den Zweiten Weltkrieg nicht oder im Kleinkindalter erlebt. Sie haben eine Welt scheinbar immerwährender Prosperität aufgebaut oder sind in sie hineingewachsen; politische Krisen und konjunkturelle Einbrüche haben den Weg nach oben immer nur kurz unterbrochen. Während sich die europäische Jugend unter dem Eindruck selbstverständlichen Wachstums und Friedens in eine hedonistische Postmoderne flüchtete, kannten die Asiaten immer nur vitale Interessen. Die Erfahrungen mit Armut, Instabilität, politischer Willkür und nicht zuletzt mit Naturkatastrophen haben sich ins kollektive Gedächtnis der heute aktiven Generationen eingegraben. Es hat sie unruhig und wachsam bleiben lassen, und es hat ihren Sinn für das Wesentliche geschärft. Asiaten sind zu Überlebenskünstlern geworden – und als solche für die bevorstehenden Umwälzungen besser gewappnet als die mehr oder weniger selbstzufrieden organisierten Europäer.

Ein Zeugnis ihrer Anpassungsbereitschaft, aber auch ihrer Leidensfähigkeit haben sie während der «Asienkrise» abgegeben. Jemand, den sie voll erwischte, ist Maku Maramis, der 1997 ein recht einträgliches Geschäft als Berater und Messeorganisator betrieb. Maramis, der im Ausland ausgebildet worden war und mehrere Sprachen beherrscht, hatte etwas Geld zurückgelegt und konnte seine Tochter in Magdeburg studieren lassen. Als die Finanzkrise 1998 von Thailand nach

Indonesien schwappte, verlor Maramis, der damals auf die fünfzig zuging, über Nacht sämtliche Jobs sowie die Hälfte seines Ersparten. Statt zu klagen, scherzte er, nun müsse er sich wohl ein paar Jahre als Gelegenheitsarbeiter durchschlagen. Er nahm an, was kam, eine Übersetzung hier, eine Exportabwicklung dort, und fuhr seinen Lebensstandard drastisch herunter. Wegen des ungünstigen Wechselkurses konnte er seine Tochter nicht mehr unterstützen und holte sie zurück nach Jakarta. Nach fünf Jahren tauchte er plötzlich wieder auf Botschaftsempfängen auf – er trug Designeranzüge, weil sein neuer Arbeitgeber, Indonesiens größte Wirtschaftskanzlei, dies so wünschte. Inzwischen ist er Aufsichtsrat eines Steinkohle-Unternehmens, das ein früherer Fahrer von ihm gegründet hat.

Maku Maramis' Geschichte wirkt unspektakulär und ist gerade deshalb vielsagend. Millionen Asiaten haben um die Jahrtausendwende einen spürbaren, zuweilen existenziellen Rückschlag erlitten, ihre wirtschaftlichen Einbußen waren von einer Dimension, die in Westeuropa unweigerlich zu Aufständen geführt hätte. Anders als in Osteuropa, wo der ökonomische Zusammenbruch zumindest mit einer Reihe neuer Freiheiten kompensiert wurde, bedeutete die Krise in Asien einen puren Verlust. Zwar mündete der Unmut in Reformbewegungen, die schließlich die Regierungen in Thailand, Südkorea und Indonesien in die Knie zwangen, aber unterm Strich gab es wenig Jammerei und sehr viel Solidarität.

In Europa genügen geringfügigste Veränderungen, um Proteste auszulösen und Menschen auf die Straße zu treiben: die Zusammenlegung von Arbeitslosengeld und Sozialhilfe; die Verlängerung der gewerkschaftlichen Wochenarbeitszeit um eine Stunde; die Abschaffung der Kilometergeldpauschale. In Asien werden fast wöchentlich Reformen ganz anderer Größenordnung verkündet und exekutiert: Privatisierungen großer Staatsbetriebe ohne Sozialplan; Subventionsstopps für Benzin, die Autofahrer über Nacht das Doppelte bezahlen lassen; die Einführung einer Mehrwertsteuer, die die Preise plötzlich um mehr als 12 Prozent steigen lässt. Wie beherzt die asiatischen Regierungen entscheiden können und wie gelassen die Gesellschaften mit den Folgen umgehen, ließ sich auch während der drei großen Regionalkrisen seit dem Wirtschaftszusammenbruch von 1997 studieren: Terror, Sars, Vogelgrippe.

Die Bedrohung durch militante Islamisten ist in fast allen Staaten Asiens virulent. Größere Anschläge gab es in Pakistan, Indien, Thailand, Indonesien und auf den Philippinen. In anderen Ländern wurden Terrorpläne vereitelt. Auch wenn das Phänomen nicht neu ist – seit dem 11. September 2001, genauer: seit dem Afghanistankrieg hat es sich verdichtet und in vielen Ländern drastische Maßnahmen provoziert. Antiterrorgesetze billigen den Sicherheitsbehörden weit gehende Freiheiten zu und haben die Privatsphären der Bürger nicht nur virtuell eingeschränkt. In den großen Städten der besonders betroffenen Staaten geht kaum noch etwas ohne Sicherheitsüberprüfung: Einkaufszentren, Parkhäuser, Hotels, Bars und Clubs – nirgendwo ist mehr unkontrollierter Einlass möglich. In Thailand ist damit begonnen worden, das gesamte Land mit Videokameras überwachen zu lassen. Obwohl auch viele Asiaten in der Vergangenheit schlechte Erfahrungen mit staatlicher Überwachung gemacht haben, hält sich der Protest in Grenzen.

Zunächst abwartend, dann aber umso konsequenter reagierten die Asiaten auf die Epidemie der Lungenkrankheit Sars. Binnen kurzer Zeit waren an allen Flughäfen der Region – bis hin ins unterentwickelte Burma – Ärzteteams präsent, die die Einreisenden medizinisch untersuchten. Auch an anderen Kontrollpunkten wurden Fiebermessstationen errichtet. Verdachtsfälle verschwanden ohne viel Aufhebens in großen Quarantäneeinrichtungen. Vieles hätte noch schneller gehen können – vor allem die Bürokratie in China brauchte lange, bis sie das ganze Ausmaß eingestand und Maßnahmen einleitete –, aber im Ergebnis war die Epidemie nach einigen Wochen unter Kontrolle.

Weniger dramatisch entwickelte sich die Vogelgrippen-Epidemie. Aufgeschreckt durch die Erinnerung an Sars, reagierten die meisten Länder spontan: In groß angelegten Aktionen überprüften sie ihre Legebatterien, registrierten und meldeten Verdachtsfälle und verhängten Importstopps. Wieder versuchten manche Länder (wie Indonesien und Thailand), Ergebnisse zu verheimlichen, aber nicht zuletzt der Druck aus der eigenen Öffentlichkeit zwang sie schließlich zu Konsequenzen, auch wenn die Gefahr noch immer nicht gebannt ist.

Besonders eindrucksvoll reagierten die Asiaten auf den Tsunami, der am zweiten Weihnachtsfeiertag des Jahres 2004 die Küsten mehrerer Länder heimsuchte und mehr als 200 000 Menschen in den Tod riss. Thailand und Indien verzichteten auf internationale Unterstützung und leisteten eigenständig humanitäre Nothilfe. Delhi entsandte sogar einen Teil der Kriegsflotte ins benachbarte Sri Lanka und nach Indonesien, um die Arbeiten zu unterstützen. Auf größere Schwierigkeiten stießen die Regierungen in Jakarta und Colombo, die des Massenelends und der Verwüstungen nicht mit eigenen Mitteln Herr werden konnten. Aber auch in Aceh und an den Küsten Sri Lankas leisteten die einheimischen Streitkräfte und Zivilhelfer die entscheidende Arbeit. Sie bargen nicht nur die Leichen, sondern bauten – zumindest in Aceh – passable Übergangslager für die Obdachlosen.

Die enorme Spendenbereitschaft der internationalen Gemeinschaft ließ manchmal in Vergessenheit geraten, dass auch die Einheimischen in erheblichem Umfang für ihre Landsleute gesammelt hatten. Aber so schnell die nationale Solidarität mobilisiert wurde, so rasch kehrten die betroffenen Völker wieder zur Tagesordnung zurück. Während in westlichen Zeitungen noch über den Stand der Hilfsmaßnahmen und Aufräumarbeiten berichtet wurde, konzentrierten sich die Zeitungen in Thailand schon wieder auf die politische Lage im muslimischen Süden, die indischen Medien auf Regionalwahlen und die indonesischen auf die jüngsten Benzinpreiserhöhungen.

GLAUBE · Von Toleranz und Radikalität

Als Papst Johannes Paul II. gestorben war, flaggten Thailand und Indien halbmast – Staatstrauer für einen Katholiken in der Welt des Buddhismus und des Hinduismus. Auch die muslimischen Staatsführer Asiens würdigten Johannes Paul im Namen ihrer Nation, und selbst die radikalislamischen Taliban ließen es sich nicht nehmen, den Tod des Papstes als «spirituellen Verlust» zu bezeichnen – auch wenn «andere Anhänger» des Christentums einen «Kreuzzug gegen den Islam» begonnen hätten. Die überragende Anteilnahme am Tod des obersten Katholiken hat im Westen manche überrascht: In Asien, der Wiege des modernen religiösen Extremismus, geht es offenbar erstaunlich tolerant zu.

Meistens sind es eher hässliche Geschichten, mit denen sich die Gläubigen Asiens in Einnerung bringen: Kämpfe zwischen Muslimen und Christen, zwischen Hindus und Buddhisten, Zerstörung von Moscheen, Kirchen oder Tempeln, religiös motivierte Terroranschläge. Der 11. September 2001 wurde in den afghanischen Bergen geplant, die Kommandozentrale der Al-Qaida versteckt sich bis heute im Paschtunengürtel entlang des pakistanischen Grenzgebiets. Der schwerste Terroranschlag seit dem Angriff auf New York und Washington erschütterte die südostasiatische Ferieninsel Bali – verantwortlich ist die in Indonesien operierende Jemaah Islamiah, eine mit bin Laden vernetzte Terrororganisation, die in den vergangenen Jahren eine Reihe weiterer Bombenanschläge in der Region verübte und überdies militanten Glaubensbrüdern in Thailand und auf den Philippinen logistisch zur Seite steht. Auch der Terroranschlag auf die Londoner Innenstadt im Juni 2005 hat einen asiatischen Hintergrund. Drei der vier Täter reisten in ihr Heimatland Pakistan, kurz bevor sie die Bomben zündeten. Weil östlich des Hindukusch mehr Muslime leben als im arabischen Raum, sehen viele im asiatischen Islamismus eine der größten Bedrohungen für den Westen.

Tatsächlich bietet Asien ein widersprüchliches Bild, weil es so viele gegensätzliche Tendenzen beherbergt: Radikalisierung und Säkularisierung, Aggression und Duldsamkeit, (Aber-)Glauben und kältesten Rationalismus. Im Vergleich mit dem christlich dominierten Westen scheint das multireligiöse Asien tiefer im Glauben verwurzelt. Rituale und Symbole sind hier noch immer Teil des Alltags. In Indonesien und Malaysia, Pakistan und Bangladesch erinnern schon die öffentlichen Gesänge der Muezzins daran, dass man sich auf muslimischem Terrain befindet. In Indien lässt sich kaum eine Straße überqueren, ohne Zeuge einer hinduistischen Puja-Zeremonie zu werden, mit der eine der zahlreichen Gottheiten geehrt wird, oder einem Sadhu zu begegnen, der sein Leben in den Dienst des Glaubens gestellt hat. In der buddhistisch geprägten Welt wiederum gehören die Roben tragenden Mönche zum Stadtbild. Selbst auf den mehrheitlich christlichen Philippinen spielt die Kirche eine andere Rolle als im Westen, wo es keinen Father Eddy gibt, der spielend ein Millionenpublikum in öffentlichen Parks um sich versammeln kann.

Das überwiegend friedliche Miteinander der Gläubigen

ist keine Erfindung asiatischer Tourismusminister, sondern Ausdruck einer langen Tradition. Asien ist nicht nur der Geburtsort mehrerer Weltreligionen, der Kontinent geriet im Laufe der Jahrtausende zu einem einzigartigen Versuchslabor. Anders als im Westen durchmischten sich östlich des Hindukusch alle großen Glaubensrichtungen. Vom frühen Export hinduistisch-buddhistischer Kulturen aus Indien über die Islamisierung durch muslimische Krieger und Händler bis hin zu den christlichen Missionen – ständig mussten sich die Völker neuen Ideen unterwerfen oder anpassen. Nur in wenigen asiatischen Ländern sind heute religiös homogene Gesellschaften zu finden. In der größten muslimischen Nation der Erde, Indonesien, leben mehr Christen als in den Niederlanden. Die zweitgrößte muslimische Gemeinschaft der Welt befindet sich im Land der Hindus. In Staaten wie Sri Lanka, Nepal oder Malaysia hängt jeder dritte Bürger einer anderen als der Mehrheitsreligion an. Das hat Spuren hinterlassen. Städte wie Jakarta, Kuala Lumpur oder Delhi stehen bei allen Spannungen überzeugender Modell für funktionierende «Multikulturalität» als der vielzitierte Melting Pot New York. Als sich in Amerika die ersten schwarzen Politiker hohe Positionen erkämpften und Deutschland noch weit davon entfernt war, seinen ersten Abgeordneten türkisch-muslimischer Abstammung zu feiern, saßen um die Kabinettstische Asiens schon lange Minister aller Glaubensrichtungen.

Die meisten Asiaten wachsen mit Religionen auf, die östlich des Hindukusch entstanden sind. Etwa 1,7 Milliarden Menschen sind vom Buddhismus geprägt oder von einer ihm verwandten Religion wie die Taoisten in China oder die Shintoisten in Japan. In weiten Teilen dieser Welt, die vor allem den Nordosten Asiens umfassen (China, Japan, Korea, Vietnam, Thailand, Burma, Kambodscha, Laos und den Sonderfall Sri

Lanka), mischt sich die Sittenlehre von Buddhas Zeitgenossen Konfuzius in die religiöse Kultur. Zum Hinduismus, der wiederum eng mit dem Buddhismus verwoben ist, bekennen sich mehr oder weniger klar 900 Millionen Menschen, insbesondere in Indien, aber auch in Nepal und auf Bali. Zur erfolgreichsten asiatischen Religion, die nicht auf dem eigenen Territorium entstanden ist, hat sich der Islam entwickelt, dem inzwischen fast 700 Millionen Menschen anhängen, vor allem in Indonesien, Indien, Pakistan, Bangladesch und Malaysia. Bis zu 200 Millionen Asiaten glauben an Jesus Christus. Sie verteilen sich als religiöse Minderheiten über alle Länder des Kontinents; nur auf den Philippinen bilden sie die Volkskirche.

Trotz der Allgegenwart religiösen Lebens findet sich in Asien kaum ein Land, das die Sphären des Politischen und des Religiösen formal verschmolzen hat. Selbst das Königreich Thailand, in dem der Monarch zugleich das religiöse Oberhaupt ist, legt im politischen Verkehr Wert auf die Trennung von Kirche und Staat. Keine Nation, die nach dem Zweiten Weltkrieg unabhängig wurde, erlag der Versuchung, den neuen Staat religiös zu befestigen und dem Zeitalter des christlichen Kolonialismus gewissermaßen etwas religiös «Eigenes» entgegenzusetzen. In Indonesien misslang den Fundamentalisten die Errichtung eines Gottesstaates, und selbst in Pakistan, das Staatsgründer Jinnah 1947 immerhin als ausdrücklich muslimische Alternative zum säkularen Indien entwarf, konnten sich die Fundamentalisten während der Verfassungsdebatten nicht gegen die liberal-sufistisch geprägten Mehrheiten durchsetzen.

Dass der Westen den asiatischen Kontinent mit Fanatismus zusammendenkt, hat gleichwohl Gründe. Immer wieder präsentiert sich Asien als Schauplatz religiös inspirierter Gewalt; blutige Auseinandersetzungen gehören zum traurigen Alltag in Indien, Indonesien, Pakistan, Sri Lanka, neuerdings auch wieder in Thailand. Weil viele dieser Vorfälle idealtypisch ins Raster des Kulturkampfes fallen, wird zuweilen übersehen, dass sich hinter ihnen nur selten verhärtete religiöse Weltanschauungen verbergen. Meist verbinden sich persönliche Rachemotive mit aggressiver Grundenergie, der rechte Glaube dient nur noch als Treibmittel. Selbst in den ethnisch-religiösen Dauerkonflikten – der Krieg der Tamilen gegen die Singhalesen in Sri Lanka, der Aufstand der Kaschmiris in Indien, der Kampf der Muslime auf den Philippinen und in Thailand – spiegelt sich weniger ein religiöser Fundamentalismus wider als vielmehr die Wut der Marginalisierten und die Sehnsucht nach politischer, wirtschaftlicher und kultureller Autonomie. Die Religionen spielen hier jedoch tiefer hinein und schärfen Identitäten und Gewissheiten.

Muslime

Die einzige Religion Asiens, die sich teilweise gewalttätig gegen den Westen richtet, ist der Islam. Noch stärker bedroht er allerdings – und das wird oft übersehen – die asiatischen Gesellschaften selbst. Keines der muslimischen Länder Asiens wird von einem Fanatiker regiert, und selbst dort, wo ausgebildete Islamgelehrte die Staatsgeschäfte führen (wie Abdullah Badawi in Malaysia oder der frühere indonesische Präsident Abdurrahman Wahid alias Gus Dur), herrscht ein aufgeklärter Ton. Alle muslimischen Länder Asiens rufen regelmäßig zu mehr oder weniger freien Wahlen auf, und nirgendwo wählen die Bürger die Islamisten an die Regierung. Selbst in Pakistan, wo die Mullahs regional betrachtet die größten politischen Erfolge feiern konnten, sitzen sie – mit etwa 20 Prozent der Stimmen – in der Opposition.

Die asiatischen Muslime wollen in keinem Gottesstaat leben. Und sie fürchten sich vor Fanatikern in den eigenen Reihen. Der Anschlag auf die balinesischen Nachtclubs im Oktober 2002 kostete nicht nur Touristen das Leben, es waren auch viele Indonesier unter den Toten, Gäste wie Angestellte. Die folgenden Bombenanschläge in Jakarta – auf das Hotel Marriott und auf die australische Botschaft – rissen fast ausschließlich Indonesier in den Tod. Die fanatisierten Täter der Jemaah Islamiah, die während ihres Prozesses in Denpasar im indonesischen Fernsehen gezeigt wurden, haben die meisten Zuschauer geschockt, ja angewidert. Der Terror veränderte nicht nur den indonesischen Alltag – der Ruf, ein gefährliches Land zu sein, verunsicherte auch die Touristen. Indonesier, die das freut, sind schwer zu finden.

Eine Geburtsstunde der Radikalisierung lässt sich weder im südasiatischen noch im (jüngeren) südostasiatischen Islam markieren. Manche ziehen eine gerade Linie von der wahhabitischen Revolution im 18. Jahrhundert bis zum 11. September 2001. Aber auch Abdul Wahab hatte nur einen Puritanismus aufgewärmt, dessen Wurzeln wiederum ins 7. Jahrhundert zurückreichen. Die lange und facettenreiche Geschichte des Islam bot Dogmatikern und «Freiheitskämpfern» von jeher reichlich Anknüpfungspunkte. Lange vor dem späten 20. Jahrhundert beriefen sich regional unterdrückte Gruppierungen oder Unabhängigkeitsbewegungen auf islamische Gleichheitsideale und Sozialstandards. Die Radikalisierung nahm keineswegs kontinuierlich zu. Zeitweise flachte sie ab, und in vielen Regionen ist der Fundamentalismus heute schwächer denn je; in Indonesien erfreuten sich die religiös-fundamentalistischen Parteien in den vierziger und fünfziger Jahren eines deutlich größeren Zulaufs als heute.

Gleichwohl gab es katalysatorische Momente der Politisierung. Zu diesen zählt das Jahr 1979, als in Persien der schiitische Ayatollah Khomeini die Macht übernahm und in Afghanistan die Rote Armee einmarschierte. Die beiden Ereignisse, die nicht nur zeitlich, sondern auch geographisch nah beieinander lagen, hatten auf den ersten Blick nicht viel miteinander zu tun. Erst später ergab sich ein innerer Zusammenhang, der bis heute in die muslimische Welt Asiens ausstrahlt. Während die iranische Revolution – trotz internationaler Bestürzung – als eine Art bizarrer Anachronismus der Geschichte wahrgenommen wurde, witterte der Westen am Hindukusch die existenziellere Gefahr: Der Ostblock dehnte sein Imperium bis fast an die Grenze Indiens aus. Der westlichen Strategie, den ausgreifenden Kommunismus mit Hilfe islamischer Fundamentalisten zu bekämpfen, war etwas Verführerisches zu Eigen. Die überwiegend pakistanischen Glaubenskrieger, die an der Grenze zu Afghanistan ausgebildet wurden, schienen nicht nur bestens geeignet, die gottlose Sowjetunion zu bekämpfen, sie bildeten – da sie Sunniten waren – auch ein innermuslimisches Gegengewicht zu den Schiiten im erstarkenden Iran.

Die Bedingungen, die der Westen in Pakistan vorfand, waren nahezu ideal. Die Regierung in Islamabad diente nicht nur seit dreißig Jahren als Verbündeter, sie selbst war über die Ausdehnung des sowjetischen Imperiums wenig erfreut und fürchtete den dauerhaften Verlust ihres «strategischen Raumes», der in den Kriegsszenarien mit Indien stets eine Rolle gespielt hatte. An der Macht war General Zia ul-Haq, der – persönlich kein sehr frommer Mann – seine Herrschaft mit strengen «islamischen» Gesetzen absicherte. Hier knüpfte Amerika an – und unterschätzte sträflich die selbsttragenden Kräfte einer politisierten Religion.

Die über 2000 Koranschulen, die in den achtziger Jahren gegründet und mit westlichem Geld unterstützt wurden, bildeten jene «Taliban» aus, die beseelt von einer höheren göttlichen Mission das Geschäft des Westens und der Militärclique in Islamabad besorgten. Die Strategie schien zunächst aufzugehen: Die Glaubenskrieger trugen in Afghanistan maßgeblich zum Sieg über die Rote Armee und damit zum Fall des Sowjetreichs bei. Die Rechnung traf später ein – und erinnert ein bisschen an die historische Quittung der deutschen Reichsregierung, die mit der Unterstützung Lenins das russische Zarenreich zersetzen wollte und damit ungewollt die viel gefährlichere Sowjetunion zu erschaffen half.

Als die Rote Armee Ende der achtziger Jahre zermürbt abgezogen war und Afghanistan für eine Dekade in einem islamischen Bürger- und Bruderkrieg versank, befanden sich geschätzte 200 000 Fanatiker im kampffähigen Alter. Ihr Beruf war der Krieg, ihr Trachten der Gottesstaat. In den neunziger Jahren begannen sie, sich verstärkt international zu vernetzen, von der palästinensischen Intifada im Westen über die Widerstandsgruppen in Tschetschenien und im indischen Teil Kaschmirs bis hin zu den Separatisten auf den Philippinen. Als Organisationszelle bildete sich Osama bin Ladens al-Qaida heraus, deren Mitglieder schließlich zwölf Jahre nach dem Ende des Afghanistankrieges den Terrorangriff auf die ehemaligen Waffenbrüder flogen.

Nur «Antiimperialisten» vom Schlage Tariq Alis oder Nafeez Ahmeds weisen den Vereinigten Staaten die Hauptschuld an der Radikalisierung der Muslime zu. Dass die unselige Zusammenarbeit Washingtons mit Zia ul-Haq jedoch einen Beitrag zur Politisierung des Islam leistete, lässt sich schwer bestreiten. Hätte der Westen versucht, den aufkeimenden Fundamentalismus in Pakistan einzudämmen, statt ihn gedankenlos zu päppeln, besäße der muslimische Radikalimus heute vermutlich weniger Anhänger.

Das Gefühl, missbraucht worden zu sein und immer noch strukturell benachteiligt zu werden, nistete sich tief in den Herzen der asiatischen Muslime ein. Aus dieser Perspektive nehmen sie heute die Weltpolitik wahr: Amerikas Krieg gegen die Taliban, Amerikas Krieg gegen die Glaubensbrüder im Irak, Amerikas Allianz mit Israel. Die wenigsten leiten daraus ein Recht auf «Widerstand» oder gar die Pflicht zum «Dschihad» ab. Die meisten leben mit ihren Urteilen und Vorurteilen, äußern sich spöttisch, auch mal aufgebracht, erfreuen sich ansonsten aber an amerikanischen Konsumgütern und Kinofilmen und würden wahrscheinlich eher heute als morgen in die Vereinigten Staaten auswandern, wenn sie nur dürften. Die wirklich radikalen Köpfe diskutieren überwiegend im Untergrund. Dort, wo sie öffentlich Gewalt predigen – wie der Geistliche Abu Bakar Baschir in Indonesien –, werden sie ins Gefängnis gesteckt.

Das einzige asiatische Land, das Hassreden in der Öffentlichkeit duldet, ist Pakistan – und einer, der von dieser Großzügigkeit reichlich Gebrauch macht, ist Mullah Abdul Ghafur Haidery. Sein Besuchsraum mitten im pakistanischen Regierungsviertel ist kahl, eine zerschlissene Sitzgruppe, ein Tisch, darauf eine Schale mit Gebäck, zwei Kabeltelefone und ein altes Handy. Kein Tageslicht fällt ein, an der Wand hängt eine Neonröhre. Macht wird hier, in einem Zentrum des islamischen Fundamentalismus, nicht mit westlichen Statussymbolen repräsentiert. Mullah Haidery ist ein Mann mittleren Alters. Er trägt einen langen, gepflegten Bart, sein Gewand ist blütenweiß, er ist parfümiert. Neben ihm sitzt sein Sohn Usama, der im Jahr 2001 geboren wurde, am langen Vorabend des 11. September.

Haidery zählt zu den bekanntesten Mullahs in Pakistan. Zu Hause in Belutschistan, genauer: in Kallat, leitet er eine Koranschule mit 300 Studenten. In Islamabad ist er eine Nummer von nationaler Größe. Er vertritt die Jaimat Ulama-e-Islam, eine der einflussreichsten Muslimgruppierungen des Landes, als Generalsekretär. Weil er außerdem einen Sitz in der pakistanischen Nationalversammlung hält, darf Mullah Haidery im «G-Block» der Abgeordnetenresidenz mit seiner Familie ein Apartment bewohnen. Wenn er die langen Marmorgänge des Parlamentarierkomplexes hinuntergeht, kann er sich täglich am Aufstieg des politischen Islamismus berauschen. Jeder fünfte Abgeordnete, dem er hier begegnet, trägt die Erkennungszeichen der muslimischen Revolution: den langen Vollbart, das traditionelle Gewand, das Shalwar Kameez, und die typische Kopfbedeckung.

Nicht nur der Westen, auch die Mehrheit der Pakistaner war schockiert, als die Islamisten bei den Wahlen im Oktober 2002 ihren Stimmenanteil fast verzehnfachten. Bis dahin spielten die Mullahs in der organisierten Politik kaum eine Rolle. Nun regieren sie eine wichtige Provinz, die North-West Frontier Province, und bestimmen die Politik in Islamabad in beträchtlicher Weise mit. Weil Präsident Pervez Musharraf mit den großen bürgerlichen Oppositionsparteien – mit dem Benazir-Bhutto-Flügel der Pakistanischen Volkspartei und dem Nawar Sharif treu gebliebenen Teil der Muslimliga – bis aufs Messer verfeindet ist, sucht er in verfassungsrelevanten Angelegenheiten immer wieder die Zusammenarbeit mit der Muttahida Majilis-e-Amal (MMA), der großen Allianz der Islamisten. Selbst der Verfassungskompromiss vom Dezember 2003, der die Macht des Putschpräsidenten absichern half, basierte auf dieser ungewöhnlichen Verbindung. «Musharrafs B-Team» wird die MMA in pakistanischen Journalistenkreisen genannt.

Einen Staatsmann hat die politische Verantwortung aus Haidery nicht gemacht. Er belustigt sich über die neue Staatsräson, den «Antiterrorkrieg». Musharraf, der nach dem 11. September 2001 eine radikale Kehrtwende einleitete und den militanten Islamismus in Pakistan nicht mehr unterstützte, sondern an der Seite der Vereinigten Staaten bekämpfte, wird von ihm wahlweise als «Marionette Washingtons» oder als «Verräter an Pakistan» bezeichnet. Nur knapp entkam Musharraf einer Reihe von Attentatsversuchen muslimischer Fanatiker. In Videos der al-Qaida wurde wiederholt zum Mord am Präsidenten aufgerufen. Ein Mann wie Haidery kommentiert dies mit den Worten: «Die al-Qaida ist keine terroristische Organisation – statt sie zu verfolgen, sollten sich Musharraf und der Westen fragen, was junge Menschen, die ihr Leben lieben, so sehr verzweifeln lässt, dass sie als Selbstmordattentäter den Tod suchen.»

Gewalt gutheißen ist im Reich Musharrafs erlaubt, Gewalt anzuwenden nicht. In Pakistan, dem nach Indonesien größten muslimischen Land der Erde, werden weltweit die meisten religiös inspirierten Extremisten festgenommen, woraus sich zweierlei ablesen lässt: Die Behörden tun viel – aber sie haben auch viel zu tun. Nicht alle Gewalt richtet sich in Pakistan gegen «den Westen». Bei Kämpfen zwischen den muslimischen Religionsgemeinschaften der Sunniten und Schiiten kommen pro Jahr zwischen 300 und 500 Menschen ums Leben. Die schier unübersehbaren Aktivistengruppen des Landes, die genauso oft verboten werden, wie sie sich unter anderem Namen neu gründen, verfolgen so unterschiedliche Ziele wie das Zurückdrängen des religiösen Einflusses aus dem Iran, das Ausrufen eines pakistanischen Schiiten-Staates oder die «Befreiung» des zwischen Indien und Pakistan geteilten Kaschmir. Im Umfeld dieser Gruppierungen lassen sich leicht junge Männer für den «internationalen Kampf» anwerben: für den «Widerstand» in Afghanistan und im Irak sowie für den auf Amerikaner und Europäer zielenden Terrorismus.

Die Köpfe der al-Qaida entstammen dabei oft einem anderen Milieu. Der im Juli 2004 in Pakistan festgenommene Computerexperte Mohammed Naim Nur Khan, auf dessen Festplatte sich offenbar Planungen für Bombenanschläge in Europa befanden, besuchte eine Universität in London. Auch der seit 1992 bei Karatschi einsitzende Scheich Omar (er hat mindestens sieben weitere Decknamen) war eingeschriebener Student der London School of Economics, sprach akzentfrei Englisch und kam aus einer in Großbritannien gut integrierten Familie. Omar wurde für die Ermordung des amerikanischen *Wall Street Journal*-Korrespondenten Daniel Pearl verurteilt.

Im Fall Omar kristallisiert sich das spezifische Problem Pakistans. Journalisten, die die Hintergründe des Terroristen ausgeleuchtet haben (am prominentesten der französische Publizist Bernard-Henri Lévy), ziehen von Scheich Omar direkte Verbindungen zur al-Qaida und von dort zum pakistanischen Geheimdienst und in die Regierung. Obwohl sich Musharraf seit dem 11. September 2001 als entschiedener Gegner des Fundamentalismus gibt, bezweifeln doch viele, dass die neue Entschlossenheit alle Schichten in der Regierung und im Militär, in den Behörden und den Geheimdiensten durchdrungen hat.

Musharraf bemüht sich, vor allem den Amerikanern gegenüber zu beweisen, dass er zum Durchgreifen imstande ist. Im Jahr 2004 ließ er mehrfach seine Soldaten in die «Stammesgebiete» an der afghanischen Grenze einmarschieren, wo das Hauptrückzugsgebiet, wenn nicht gar die Reste der Al-Qaida-Organisationszentrale vermutet werden. Obwohl die

Armee eine Reihe mutmaßlicher Terroristen dingfest machen konnte, blieb den staatlichen Aktionen etwas Hilfloses zu Eigen. Sie schienen weniger auf die ernsthafte Einnahme der unkontrollierten Gebiete gerichtet als auf die Wirkung bei den Vereinigten Staaten, die zuweilen mit eigenen Militärmaßnahmen drohen, sollte Pakistan den Paschtunengürtel nicht endlich in den Griff bekommen.

Musharraf hat einiges Geschick entwickelt, seine kleinen und mittleren Erfolge im Antiterrorkampf zu vermarkten. Neben den Al-Qaida-Funktionären Schalid Scheich Mohammed, Abu Faraj al-Libri und Ramzi Binalshibh sowie dem Afrikaner Achmed Kalfan Ghailani, den die Vereinigten Staaten für die Anschläge auf ihre Botschaften in Kenia und Tansania verantwortlich machen, sollen seit dem 11. September mehr als 1000 Terroristen dingfest gemacht worden sein, verkündete Musharraf im Mai 2005. Gleichwohl sendet der Präsident immer wieder gegensätzliche Signale aus. Mal erklärt er, sein Land befinde sich im Kampf gegen den Terror «auf der Siegerseite», dann wieder klingt er resigniert und klagt über «erkaltete Spuren». Ersteres hören die Amerikaner gerne, Letzteres erfreut Pakistaner wie Mullah Haidery, in dessen Augen die Jihadis der al-Qaida und der Taliban «Freiheitskämpfer» sind, die sich «gegen den Terror Amerikas und Israels wehren».

Das andere, freundlichere Gesicht des asiatischen Islam ist 6000 Kilometer südöstlich von Islamabad zu finden, in Jakarta. Es gehört zu Abdurrahman Wahid, einem der angesehensten Kleriker Indonesiens. Schon äußerlich unterscheidet er sich von Mullah Haidery. Wahid, der in Indonesien Gus Dur genannt wird, ist stets rasiert, er trägt eine Stoffhose, darüber ein lässiges Batikhemd. Während sich im Gespräch mit Haidery binnen weniger Minuten ein Klima der Feindseligkeit einschleicht, beginnt Gus Dur mit Gemeinsamkeiten. Er erzählt von seinem Freund Pater Franz, einem jesuitischen Philosophieprofessor in Jakarta, erkundigt sich nach neuen Einspielungen von Beethoven-Symphonien und dem Stand der Bundesliga.

Kurze Zeit regierte er Indonesien als Präsident; es waren keine sehr erfolgreichen Jahre. Seine fragile Gesundheit – Gus Dur ist nach zwei Schlaganfällen fast erblindet und kann kaum gehen –, aber auch seine Exzentrik und ein gewisses Phlegma standen einer effektiven Amtsführung im Wege. Als Schriftgelehrter ist er aber noch heute eine Autorität. Er lässt keinen Zweifel daran, dass der Glauben «Privatsache» ist, dass Muslime am besten in einem säkularen Staat aufgehoben sind und «dass Islam und Demokratie zusammen gehen». Dass er damit die Mehrheitshaltung nicht nur der indonesischen, sondern auch der malaysischen Muslime beschreibt, ließ sich zuletzt im Wahljahr 2004 beobachten. In beiden Ländern wurden jene Kräfte abgestraft, die einem Gottesstaat den Vorzug vor einer offenen, laizistischen Gesellschaft geben. Während in Indonesien die fundamentalistischen Parteien ihre 10-Prozent-Marke nur mühsam halten konnten, wurde die radikalreligiöse PAS in Malaysia geradezu marginalisiert.

Die überwältigenden Wahlergebnisse für den neuen malaysischen Regierungschef Badawi und den indonesischen Präsidenten Susilo Bambang Yudhoyono sind ihren Ankündigungen geschuldet, mit der Vetternwirtschaft aufzuräumen und den Behörden Strukturen der Transparenz und Rechenschaftspflicht einzuziehen. Obwohl auch die islamistischen Parteien versuchten, Kapital aus dem Verdruss über «KKN» (Korupsi, Kolusi, Nepotisme) zu schlagen, versprachen sich die Bürger von ihnen keine Besserung. Sie wünschten sich integre, sachverständige Profis an der Macht – und keine Kleriker, die das Rad zurückdrehen wollen.

Musterdemokratien sind weder in Kuala Lumpur noch in Jakarta zu Hause. Malaysia zögert auch unter seinem reformerisch gestimmten Premierminister, die Parteienlandschaft wirklich zu öffnen und der Presse volle Unabhängigkeit zu gewähren. Indonesien wiederum bleibt trotz aller Bemühungen derart tief von Korruption durchdrungen, dass eine Parteispendenaffäre, wie Deutschland sie nach dem Ende der Kohl-Ära erlebte, in den Zeitungen des Inselreichs kaum einer Notiz wert wäre. Bei all diesen Unzulänglichkeiten gewähren beide Länder ihren Bürgern jedoch Freiheiten, die in vielen Staaten der islamischen Welt unvorstellbar wären. Keine Frau ist gezwungen, ein Kopftuch zu tragen, weder vom Gesetz noch durch den Druck der Gemeinschaft. Christen und Hindus sind in allen Sphären der Gesellschaft aktiv, auch in führender Position. Die Jugend beider Länder bekommt weder Kinofilme noch Bücher vorenthalten und darf in den Bars, Technoclubs und Lounges der großen Städte nachleben, was sie in MTV oder auf ihren Reisen in den Westen gesehen haben.

Warum in Kuala Lumpur und Jakarta geht, was in Islamabad und Kabul schwierig und in Riad oder Teheran unmöglich ist, scheint sich auf den ersten Blick über die Geographie zu erschließen. Südostasien liegt weit entfernt von Mekka und den politischen Gravitationszentren der islamischen Welt. Genauso wahr ist aber, dass die räumliche Distanz die Extremisten der Jemaah Islamiah nicht im Geringsten davon abgehalten hat, ihre Terroraktivitäten von der sechs Flugstunden entfernt opererierenden al-Qaida absegnen zu lassen. Eine größere Rolle als die Landkarte spielt wohl die Geschichte. Erst spät, 600 Jahre nach der Islamisierung des Nahen Ostens, ist die Lehre Allahs in die malayische Welt vorgedrungen. Dort vermischte sie sich mit dem, was bis dahin den Ton angegeben hatte: Buddhismus, Hinduismus, Animismus. Obwohl sich heute fast 90 Prozent der Indonesier und 60 Prozent der Malaysier zum Islam bekennen, ist ein Verständnis für «das Andere» geblieben. In Malaysia ist es sichtbar, weil die chinesischen und die indischen Minderheiten das öffentliche Bild mitprägen. Indonesien hat es festgeschrieben. In der «Pancasila», den fünf Grundsätzen mit Verfassungsrang, wird das Land als ein Staat definiert, für den der «Glaube an einen Gott» konstitutiv ist. Welcher Gott, das ist Nebensache.

Eine Gewähr gegen religiöse Radikalismen ist auch dies noch nicht. Als die Indonesier im Jahr 1955 wählten, stimmten noch 40 Prozent für Parteien, die das Land in einen islamischen Staat verwandeln wollten. Davon abgebracht hat sie erst die genuin südostasiatische Politikmischung aus Kontrolle und Perspektive. Unter dem Autokraten Suharto in Indonesien und unter der Einparteienherrschaft der «Umno» in Malaysia war radikalreligiösen Gruppierungen der Weg in die Politik versperrt. Zugleich investierten beide Regime in die wirtschaftliche und soziale Entwicklung, zunächst mit hauseigenen Mitteln, später mit der Hilfe internationaler Investoren. Die damit verbundene Öffnung der Länder hat den Bürgern die Vorzüge des Westens näher gebracht. Die stetig wachsenden Mittelschichten treffen sich gern in Pastries bei Croissants und Cappuccino, sie sammeln DVDs aus Hollywood, und sie sehnen sich nach einem deutschen Auto. Auch wenn die Armen nicht in gleicher Weise vom Wachstum profitieren konnten, haben sie doch im Fernsehen und auf den Straßen ein sichtbares Ziel vor Augen.

Dass die indonesischen Muslime nicht nur Geschmack am Konsum, sondern auch am edelsten Exportartikel des Westens – der Freiheit – gefunden haben, zeigt sich in Auseinandersetzungen wie der um die Sängerin und Tänzerin Inul

Daratista. Im Jahr 2003 provozierte die junge, selbst für westliche Verhältnisse lasziv tanzende Frau Proteste unter einigen religiösen Führern. Vereinzelt erhoben sich Stimmen, ihre Auftritte zu verbieten. Spontan organisierten ihre Anhänger Gegendemonstrationen in Jakarta, an denen auch hochrangige Politiker teilnahmen. Gus Dur, der schlecht zu Fuß ist, unterstützte Inul mit Zeitungsinterviews. Eine offene, pluralistische Gesellschaft müsse die Freiheit der Kunst aushalten, argumentierte er; nur bösartige Spötter verwiesen darauf, dass er fast blind sei. Am Ende durfte Inul weitertanzen.

Immer wieder gelang es Gus Dur, religiösen Radikalisierungstendenzen in Indonesien die Spitze zu nehmen und sie unter dem Dach seiner liberalen Muslimorganisation Nahdlatul Ulama zu neutralisieren. Ähnlich verfährt die Muhammadiyah, eine konkurrierende, aber ebenfalls mehrheitlich liberale Islambewegung. Etwa 75 der annähernd 200 Millionen indonesischen Muslime sind in den beiden traditionellen Organisationen registriert. Alle gewaltbereiten Islamisten konnten gleichwohl nicht eingebunden werden. Die gefährlichsten unter ihnen sammeln sich in der Jemaah Islamiah.

Anders als die kleineren nationalen Extremistengruppierungen in der Region verfolgt die Jemaah Islamiah ein grenzüberschreitendes Ziel. Sie will die mehrheitlich muslimischen Regionen Südostasiens – Indonesien, Malaysia, Brunei sowie die südlichen Provinzen Thailands und der Philippinen – gewaltsam zu einem südostasiatischen Gottesstaat vereinen. Die Jemaah Islamiah ist eine relativ neue Erscheinung. Selbst Fachleute von der Staatlichen Islamuniversität in Jakarta wie Professor Masykuri Abdillah behaupten, nach dem Bali-Anschlag erstmals von der Organisation gehört zu haben. Unter dem Begriff Jemaah Islamiah, was so viel wie «Islamische Gruppe» heißt, wurden in den achtziger Jahren die erst in

Konturen erkennbaren Extremismusbewegungen amtlich zusammengefasst. Die Jemaah Islamiah ist insofern zunächst eine Sprachschöpfung der Geheimdienste, die später ein mörderisch reales Eigenleben entwickelt hat.

Die Vorläufer der Terrororganisation gruppierten sich in den siebziger Jahren um den Geistlichen Abu Bakar Baschir, der eine Koranschule in Ngruki, nahe Solo, im Zentrum der indonesischen Hauptinsel Java leitete. Als das Suharto-Regime den Druck auf fundamentalistische Gruppierungen verstärkte, setzten sich die Extremisten Mitte der achtziger Jahre ins Nachbarland Malaysia ab. In den zehn Jahren danach erweiterte die Gruppe um Baschir von Kuala Lumpur aus ihre internationalen Kontakte. Geld floss aus Saudi-Arabien, Kämpfer wurden in Ausbildungslager nach Afghanistan geschickt. Erst nach Suhartos Sturz kehrten Baschir und seine Anhänger, nun als Jemaah Islamiah, nach Indonesien zurück, wo der Boden fruchtbar war wie nie zuvor. Suharto, der den muslimischen Fundamentalismus klein gehalten hatte, war politisch diskreditiert, und seine unmittelbaren Nachfolger scheiterten an der Bewältigung der Asienkrise, die weite Teile des Landes verarmen ließ. Neu gegründete Gruppen wie die Laskar Jihad führten mit ihren Milizen einen «heiligen Krieg» auf den Molukken und auf Sulawesi, nachdem die dort ansässigen Christen nicht immer mit frommen Mitteln gegen Muslime vorgegangen waren. Die Front Pembala Islam spezialisierte sich auf die Störung des für sündig befundenen Nachtlebens, vor allem auf kleinere Anschläge in Bars und Diskotheken der Hauptstadt.

Was die Jemaah Islamiah aus dem Extremistenlager heraushebt, ist ihre Untergrundstruktur. Keiner der Islamisten, die derzeit in Haft sitzen – nicht einmal Baschir selber –, bekennt sich zur Mitgliedschaft in dem Netzwerk, ja, die meisten bestreiten bis heute seine Existenz und sprechen von einer «Erfindung Amerikas». Im Grunde handelt es sich bei der Jemaah Islamiah um eine klassische Terrororganisation, vergleichbar der Roten-Armee-Fraktion im Deutschland der siebziger Jahre. So wie die Jemaah Islamiah den Islam als Begründung für ihre Aktionen bemüht, beutete die RAF für ihren Kampf den im Westen anerkannten Wert der Gerechtigkeit aus. Ähnlich wie es der RAF in Deutschland ergangen ist, stößt die Jemaah Islamiah in Indonesien auf breiten Widerstand – und erfreut sich doch eines klandestinen Sympathieumfeldes. In manchen Hauptstädten Asiens zieht man diesen Vergleich auch in der Zeitperspektive. Das westliche Drängen auf rasche Erfolge im Antiterrorkampf wird in Islamabad und Jakarta gerne mit der Gegenfrage beantwortet: Wie lange habt ihr gebraucht, bis sich die RAF endlich auflöste?

Hindus

Auch der Hinduismus zeigt mehrere Gesichter. Anders als die Islamisten wenden sich die fanatisierten Hinduminderheiten aber nicht so sehr gegen «den Westen». Zwar sind es immer wieder westlich-liberale Erscheinungsformen, die den Zorn der Fundamentalisten entfachen – von der Experimentierlust der Kunst bis zur Freizügigkeit der Kleidung –, doch selten werden die Quellen dieser Einflüsse feindselig in den Blick genommen. Dies hat auch damit zu tun, dass Amerika und Europa im Lager extremistischer Hindus als natürliche Verbündete im Kampf gegen den Islamismus betrachtet werden. In den Muslimen, die vor der Teilung Indiens ein Drittel der Bevölkerung ausmachten und heute immerhin noch 15 Prozent stellen, sehen die Hindufundamentalisten die eigentliche

Bedrohung ihrer Lebenswelt. Die große Mehrheit der Hindus übt sich jedoch in Toleranz gegenüber anderen Glaubensrichtungen und geht ohne größere Abgrenzungsgelüste ihren Ritualen nach.

Wer erfassen will, wie tief die Religion im indischen Alltag verankert ist, der sollte sich in Delhi ein Auto kaufen. Die Nachbarn werden ihn daran hindern, einfach einzusteigen und loszufahren – es muss erst gesegnet werden. In der Hauptstadt sieht der Brauch vor, eine rote Swastika auf die Kühlerhaube zu pinseln, Zitronensaft auf die Reifen zu tröpfeln und das Fahrzeug über einer aufgeschlagenen Kokusnuss zu wenden. Danach wird der Wagen in einem «Metalltempel» erwartet. Bevor dort ein Rupienbetrag hinterlegt und beim Ausgang die Glocke geläutet wird, muss der Fahrer süßes Getreide in eine Schale gelegt und es mit Whisky übergossen haben. Es gibt keinen Lebensbereich, den die Hindus nicht zeremoniell vereinnahmen würden. So genannte Pujas werden nicht nur an den beiden höchsten Feiertagen – Diwali und Holi – abgehalten, sondern beinahe täglich, zu jedem denkbaren Anlass. Inder glauben zudem an besondere Sternenkonstellationen. Nur an «günstigen Tagen» wird geheiratet, eingezogen, ein neuer Job begonnen oder eine wichtige Entscheidung gefällt. Auch die indische Politik kommt ohne Beratung durch übernatürlich Begabte nicht aus.

Erst die Verbindung von religiösem Bewusstsein und politischem Fanatismus, die sich im «Hindunationalismus» verdichtete, hat dem Ritualismus seine Unschuld genommen. Das übersteigerte Streben nach einer religiös-völkischen Identität löste nicht nur Pogrome gegen die muslimische Minderheit aus, sondern begünstigte über Jahre hinweg eine unversöhnliche Politik gegenüber Pakistan, die im Sommer 2002 fast zu einem Atomkrieg geführt hätte. Lange Zeit galt der Hinduismus als imprägniert gegen jede Form von Dogmatismus. Zu lose war das theologische Gerüst, zu polymorph die Welt der Götter, Riten und Gebote. In seiner langen Geschichte, die – archäologisch betrachtet – bis ins 15. vorchristliche Jahrhundert zurückreicht, durchlief der Hinduismus viele Phasen. Zeitweise war er fast verschwunden und ließ sich vom ebenfalls in Indien entstandenen Buddhismus überschatten, bis er im 4. Jahrhundert seine Dominanz auf dem Subkontinent zurückeroberte. Manche sehen in dieser Zeit sogar die eigentliche Begründung des Hinduismus als Religion. Großzügig und überaus flexibel verleibte er sich Teile der buddhistischen Glaubenskultur ein und schärfte so sein synkretistisches Profil. Aber genau diese Abwesenheit religiöser Disziplin, die Zersplitterung in Sekten und der damit verbundene Mangel an gesellschaftlicher Solidarität haben die Hindus auch anfällig für Sonderwege gemacht.

Der latent und oft genug offen aggressive Hindunationalismus blickt auf eine vergleichsweise kurze – achtzigjährige – Geschichte zurück, weshalb er dem über Jahrtausende gewachsenen Bild des «sanftmütigen Hindu» nicht ernsthaft etwas anhaben konnte. Zwar wurde im Westen schon früh das brutale Kastensystem oder die obskure Praktik der Witwenverbrennung gegeißelt, auch existieren abfällige Beschreibungen der indischen Vielgötterei, nicht zuletzt von Goethe und Hegel. Aber über allem galt «der Hindu» doch immer als friedliebend und introvertiert. Die Eroberer – erst die Moguln, dann die Europäer – kamen und gingen, und nie waren sie größeren Widerständen ausgesetzt. Als die Inder sich schließlich der britischen Kolonialherren entledigten, taten sie es gewaltfrei. Indien, das ist aus westlicher Perspektive noch immer die «große Seele» Mahatma Gandhi – und nicht Narendra Modi, der hindunationalistische Ministerpräsident, in dessen Bundesstaat Gujarat vor wenigen Jahren Tausende von Muslimen abgeschlachtet wurden.

Gandhi ist indes für den Hinduismus so repräsentativ wie der Dalai Lama für den Buddhismus. Er bleibt eine Ausnahmepersönlichkeit, die ausschließlich die guten Anteile verkörpert. Wie blutrünstig Hindus sein können, zeigten sie der Welt Ende der vierziger Jahre, als sie nach der Teilung des Landes Hunderttausende Muslime massakrierten und Gandhi selbst von einem fanatischen Hindunationalisten ermordet wurde. Zur neuen Chiffre für den andauernden Religionskampf ist in den vergangenen Jahren ein Ort im indischen Nordosten geworden: Ayodhya. Schon im 19. Jahrhundert begannen die Streitigkeiten um den dort gelegenen Hügel, der von Hindus und Muslimen gleichermaßen als religiöser Ort beansprucht wird. Seither wechseln sich Gewalttätigkeiten und Gerichtsurteile ab. Bis zum Dezember 1992 stand auf dem Gelände, das die Hindus als Geburtsort des Gottes Rama ansehen, die Babri-Moschee aus dem 16. Jahrhundert. Dann kamen die Hindufanatiker und zerstörten das Bauwerk binnen eines Tages. In den Monaten danach starben mindestens 2000 Menschen in Kämpfen zwischen Hindus und Muslimen. Die Exzesse haben die Anführer der Ram-Bewegung nicht klüger gemacht. Ihr Feldzug für den Bau – sie sagen «Wiederaufbau» – eines Tempels in Ayodhya ist nicht beendet. Wie fanatisch die Tempelbewegung ihr Ziel verfolgt, lässt sich an den Äußerungen des Generalsekretärs des Welthindurats, Togadia, ablesen, der im Jahr 2003 auf einem Podium in Delhi ausrief, die Hindus seien bereit, sich notfalls auch als «Selbstmordattentäter» für den Tempelbau zu opfern.

Die Hindunationalisten sind gut organisiert und fast in allen Winkeln des Landes präsent. Ihre Führer – bis hin zum gemäßigten früheren Premierminister Atal Bihari Vajpayee –

stammen fast ausnahmslos aus dem berüchtigten Rashtriya Swayamsevak Sangh, kurz RSS. «Die Mutter des Hindunationalismus», wie der indische Politikwissenschaftler Pralay Kanungo die Organisation nennt, wurde im Jahr 1925 geboren. Ein Mann namens Hedgewar gründete den RSS als Gegenbewegung zum einflussreichen Nationalkongress, den er verlassen hatte, weil dieser angeblich zu stark von muslimischen Interessen dominiert wurde. Lange Zeit wurde der politische Durchbruch des RSS von Mahatma Gandhi verhindert, der in den Worten Kanungos «als Massenstar der Hindus keinen Raum für andere ließ». Erst nach Gandhis Ermordung begann der Aufstieg der Bewegung. Die erste parteipolitische Abspaltung des RSS, die Partei Bharatiya Jana Sangh, legte mit jeder Wahl zu, bis Ende der siebziger Jahre Vajpayee und sein langjähriger Stellvertreter im Premierministeramt, LK Advani, erstmals als Minister in einem indischen Kabinett auftauchten. Mit ihrer später gegründeten Indischen Volkspartei, der Bharatiya Janata Party (BJP), gelang es ihnen schließlich Ende der neunziger Jahre, die scheinbar eherne Vormachtstellung des Kongresses zu brechen.

In den Regierungsjahren der BJP sicherte sich die verzweigte Hindunationalisten-Familie, die in Indien Sangh Parivar genannt wird, Einfluss und Posten: für den Studentenverband, für den Gewerkschaftsflügel, für den «Welthindurat». Der Knoten, in dem das Netz zusammenläuft, blieb gleichwohl der RSS. Kanungo schätzt, dass die Organisation, die kaderartig strukturiert ist, 3000 ideologisch geschulte «Pracharaks» im ganzen Land unterhält, die wiederum 10 Millionen Kader kontrollieren. Die losere Unterstützergemeinde beziffert der Fachmann auf 100 Millionen Inder.

Auch nach der überraschenden Wahlniederlage im Mai 2004 ist die BJP die größte politische Kraft im Land geblieben.

Ihr Kurs ist unklar. Während die liberaleren Kreise um Vajpayee die im Amt erlernte Seriosität ausbauen wollen, fordert der radikale Flügel eine Rückkehr zu den ideologischen Wurzeln. Dergestalt gelähmt, macht die BJP keine Anstalten, ihre oft unrühmliche Vergangenheit aufzuarbeiten. Die Pogrome gegen Muslime im BJP-regierten Gujarat wurden vonseiten der Hindunationalisten nie ernsthaft untersucht. In ihrem Verhältnis zu Pakistan und den aufständischen Muslimen im Kaschmirtal haben sie zu schlingern begonnen. Die von Vajpayee begonnene Annäherungspolitik, die von der Regierung Singh fast unverändert fortgesetzt wird, stößt neuerdings auf die Kritik der BJP.

Manches spricht dafür, dass die Zeit über die Hindunationalisten hinweggeht. Die internationale Öffnung und Modernisierung Indiens, die paradoxerweise von der BJP-Regierung beschleunigt wurde, lässt das religiös-nationalistische Röhren immer wunderlicher klingen. Die Aussicht auf einen ersten Fernsehapparat, ein Handy oder – in den wachsenden Mittelschichten – auf einen japanischen Kleinwagen fesselt die Inder mittlerweile mehr als der Bau eines Ram-Tempels oder gar die Einführung einer autochthonen «Kuhökonomie», die in einigen BJP-Kreisen favorisiert wird. Unberechenbar bleiben indes die 300 Millionen bitterarmen Inder, für die es nicht bergauf geht und die sich für ein paar Rupien auch weiterhin vor die sonderbarsten Karren spannen lassen.

Buddhisten

Den besten Ruf im Westen genießt der Buddhismus, was viel mit seinem prominentesten Botschafter, dem Dalai Lama, zu tun hat. Seine Reden über den Gewaltverzicht und das einträchtige Zusammenleben der Völker und Glaubensgemeinschaften – untermauert durch eine umsichtige Politik als höchster Repräsentant Tibets – haben ihn zu einem globalen Friedensengel werden lassen. Eben noch geehrter Staatsgast in Kanada, meditiert er morgen schon öffentlich in Rom oder hält einen Vortrag in Delhi. Befeuert wird der Fan-Kult von einem Versprechen, das weit über die Person des 14. Dalai Lama hinausweist: dass der Buddhismus harmonieorientierter sei als andere Religionen.

Abgesehen vom unheimlichen Nuklearreich des Kim Jong Il, der den Nordkoreanern den Glauben eher austreibt, hört man tatsächlich wenig von Gewalt im buddhistischen Kulturkreis. Mönche erklären das mit der Lehre selbst. Im so genannten Pali-Kanon fragen Soldaten, ob sie in den Himmel kommen, wenn sie einen Heldentot sterben, und Buddha antwortet: in die Hölle. Der Geist des Kriegers, erklärt der Meister, sei im Augenblick des Todes in einer üblen Verfassung, weil er einem Lebewesen den Tod gewünscht habe. Mit diesem ethischen Rigorismus, der in anderen Quellen noch zugespitzt wird (Töten nicht einmal aus Notwehr), scheint sich der Buddhismus von jenen Glaubensrichtungen abzuheben, die etwa die Idee vom gerechten Tod gelten lassen. Gleichsam als historischer Beleg gilt das Leben des indischen Herrschers Ashoka, der zahlreiche Eroberungskriege führte, bis er nach seinem Übertritt zum Buddhismus aller Gewalt abschwor.

Allerdings entwickelte auch der Buddhismus im Laufe der Jahrhunderte Abweichungen, die sich nach Bedarf instrumentalisieren lassen. Schon in den «Lehrreden an die Könige» werden diejenigen fündig, die die Sphäre der rein persönlichen Ethik von den zuweilen bösen Zwängen des Buddhisten in der Öffentlichkeit trennen wollen. Das *Kalachakra-Tantra* aus dem 10. Jahrhundert lässt sich gar als Anleitung zum «heiligen

Krieg» buddhistischer Prägung lesen. Die «äußerst wilden Krieger», heißt es da, würden die «barbarische Horde eliminieren» – gemeint sind die Feinde der buddhistischen Lehre, namentlich die Muslime.

Dass auch in der buddhistischen Welt spirituelle Selbstvervollkommnung und die handfeste Austragung von Interessenkonflikten koexistieren können, zeigte sich von den mittelalterlichen Klosterkämpfen in Japan und Tibet bis hin zu den Exzessen der Moderne. Es waren japanische Shintoisten und Buddhisten, die sich vor und während des Zweiten Weltkrieges große Teile Asiens mit beachtlicher Grausamkeit untertan machten. Und es war die japanische Aum-Shinrikyo-Sekte, die 1995 den weltweit ersten Giftgasanschlag auf U-Bahn-Passagiere in Tokio verübte; ihr Wahn vom minderwertigen Leben der Materialisten steckt voller Anklänge an die mahayanistische «Große Lehrrede vom Nirvana». Gegen die Tatsache, dass die beiden blutigsten Genozide seit dem Holocaust – die chinesische Kulturrevolution und der Massenmord des kambodschanischen Pol-Pot-Regimes – auf buddhistischem Terrain stattfanden, lässt sich einwenden, dass sie im Namen einer kommunistischen, also antireligiösen Ideologie verübt wurden. Und doch legten in den Folterkammern und an den Genickschusswänden Menschen die Flinte an, die vor der Gehirnwäsche eine im weiteren Sinne buddhistische Erziehung genossen hatten.

Sein hässliches Gesicht zeigt der Buddhismus seit vierzig Jahren in Burma. Die Militärjunta in Rangun, die die Friedensnobelpreisträgerin Aun San Suu Kyi 1990 um ihren Wahlsieg betrogen hat und sie seither fast durchgehend in Hausarrest hält, ist weit davon entfernt, ihren Bürgern die Menschenrechte zu gewähren. Bespitzelungen, willkürliche Verhaftungen und Folter bestimmen in dieser neben Kuba ältesten Diktatur der

Welt den Alltag. Viele Militärkader sind gute Buddhisten und spenden regelmäßig Geld für die bezaubernde Schwedagon-Pagode in Rangun. Und viele Mönche nehmen es gerne und beten sehr leise für andere politische Verhältnisse.

Dass der buddhistische Klerus politische Konflikte zuweilen eher schürt als schlichtet, beweisen vor allem die Mönche Sri Lankas. Der angeblich laxe Umgang der Regierung in Colombo mit den – überwiegend hinduistischen – Tamilen hat die buddhistischen Würdenträger im Jahr 2003 zu einer Parteigründung veranlasst, die bei den Wahlen im darauf folgenden Jahr prompt Erfolg hatte. Mit fast 10 Prozent der Sitze ist die radikal-nationalistische Jathika Hela Urumaya (JHU) zu einer politischen Kraft geworden, die nun die Geschicke des bürgerkriegsgeschüttelten Landes mitbestimmt. Unpolitisch waren die Mönche des früheren Ceylon nie. Die Angst, die mehrheitlich buddhistische Insel könne tamilischen Hindus und Christen in die Hände fallen, hat sie immer ins Handeln getrieben. Als Ministerpräsident Bandaranaike Ende der fünfziger Jahre mit den Tamilen verhandeln wollte, wurde er auf seiner Terrasse von einem Mönch erschossen. Auf der aktuellen Agenda der JHU steht nicht nur die Bestrafung von Konvertiten (insbesondere jenen, die vom Buddhismus zum Christentum überlaufen), sondern eine kompromisslose Haltung gegenüber der tamilischen Minderheit. Ihr Credo «Singhalesen zuerst» würde in muslimischen Zusammenhängen zu Recht als «fundamentalistisch» bezeichnet werden.

Selbst in Thailand, dem freisinnigen «Land des Lächelns», hat der buddhistische Fundamentalismus in den vergangenen 25 Jahren sein Haupt gereckt. Hier richtete er sich nicht so sehr gegen die Minderheiten im Land – wenngleich er auf die Muslime im Süden nicht gut zu sprechen ist –, sondern gegen den allgemeinen «Sittenverfall» im Zuge der Modernisierung.

Die in den achtziger Jahren erstarkten Buddhadhasa-Bewegungen wie Santi Asoke vertreten eine kapitalismuskritische, oft naturromantische Ideologie, die nicht selten mit den gängigen Ressentiments der NGO-Bewegung korrespondiert. Immer wieder mischen sich die Mönche ein, zuletzt zogen sie im März 2005 vor die Börse in Bangkok und protestierten gegen den Bier- und Whiskykonzern Thai Beverages – sie betrachteten es als «unmoralischen Akt», dass sich ein Alkoholproduzent an der Börse kapitalisieren wollte. Auch wenn die religiösen, oft sektenhaften Bewegungen nie einen Fuß in die politische Tür bekamen, förderten sie doch einen neuen buddhistisch inspirierten Moralismus. Die Zeiten, als Bangkok der Sündenpfuhl Asiens war, gehören unter der Regierung des frommen Thaksin Shinawatra der Vergangenheit an. Antidrogenkampagnen, Sperrstunden für Bars und Maßnahmen gegen Raucher sind nach Meinung vieler Thailänder nur der Auftakt zu einer Art Sittendiktatur.

Die säkulare Mehrheit

Die «Rache Gottes» an der Moderne, die Gilles Kepel Mitte der neunziger Jahre beschrieb, bleibt in Asien trotz blutrünstiger Auswüchse ein Nischenphänomen. Vor allem die wachsenden Mittelschichten haben die Vorzüge der Freiheit und des westlich geprägten Kapitalismus verinnerlicht. Die westliche Fixierung auf den religiösen Extremismus in Asien verstellt schon seit längerem den Blick auf eine Entwicklung, die weniger spektakulär, aber vermutlich nachhaltiger ist: das langsame Verschwinden des Religiösen aus dem Leben der asiatischen Mittelschichten. Nicht nur in muslimischen Ländern bleibt den religiösen Parteien der Erfolg versagt, auch in Indien wurden die Hindunationalisten abgestraft, und in der buddhistischen Welt spielen, von Sri Lanka abgesehen, religiöse Parteien ohnehin keine Rolle.

Das Wählerverhalten der Bürger spiegelt sich im Alltag wider. Vor allem in den jungen Generationen schwindet die Lust, sich den kulturellen, oft religiös geprägten Traditionen anzupassen. Die asiatische Jugend orientiert sich lieber an globalen, meist westlichen Standards, wobei die Lust an individueller Entfaltung in wachsenden Widerspruch zu hergebrachten Konventionen gerät. In Indien begehren immer mehr junge Leute gegen die arrangierte Ehe auf und bestehen auf der eigenen Wahl. In Malaysia und Indonesien ersetzt der entspannte Einkaufsbummel verstärkt das Freitagsgebet. Standards werden weniger durch die Altvorderen in der näheren Umgebung gesetzt als vielmehr durch Gleichaltrige im Fernsehen und im Kino.

Das heißt nicht, dass die Asiaten zu Westlern mutieren. Dort, wo die materiellen und ideellen Importe als Bedrohung der eigenen Identität empfunden werden, versuchen sie gegenzusteuern. Das beginnt bei Kapitalkontrollen, mit denen Malaysia dem westlichen IWF-Paradigma während und nach der Asienkrise politisch die Stirn geboten hat, und endet noch nicht bei der hausgemachten Dangdut-Musik, mit der Indonesien erfolgreich der Überschwemmung durch westliche Klänge trotzt. Oft integrieren die Asiaten die verschiedenen Lebensstile ganz selbstverständlich. Muslime in Malaysia verrichten, während sie sich zum Ausgehen umziehen, schnell das Abendgebet. Thailändische Banker stellen, bevor sie ins Büro gehen, noch schnell eine Joghurtflasche ins obligatorische «Geisterhaus» am Eingang, um die bösen Götter für den Tag milde zu stimmen. Zuweilen scheint sogar die Rückbesinnung auf die eigene Kultur betont zu werden. Oft sind es besonders aufgeklärte Musliminnen, die aus freien Stücken das Kopftuch anlegen und sich zugleich in NGOs für Frauenrechte oder soziale Projekte einsetzen. Diese Mode, die gerade unter gebildeten Mittelschichtasiaten um sich greift, hat wenig mit rückschrittlicher Gesinnung zu tun, sondern erinnnert eher an die Wiederentdeckung des Glaubens in Nordamerika, wo immer mehr Menschen Identität und Zuflucht vor den Zumutungen der Moderne suchen.

Kritik am Westen ist in Asien durchaus verbreitet, aber dieser vielgestaltige «Okzidentalismus» – wie Ian Buruma und Avishai Margalit das Phänomen unlängst genannt haben – mischt sich zu oft mit Faszination und Wissbegier, als dass er einen Kulturkampf befeuern könnte. Aggressiv entlädt sich religiös motivierte Kritik nur in den Kreisen der Verlierer, der Zurückbleibenden und Hoffnungslosen. Dort, wo Entwicklung und Wohlstand greifen, geraten Fanatismus und Gewaltbereitschaft in die Defensive. Ob der religiöse Extremismus gedeiht und zur dauerhaften Bedrohung für die Gesellschaften des Ostens und des Westens wird, liegt daher überwiegend in den Händen der asiatischen Politiker.

NATIONALISMUS · Von Militär und Kriegsgefahr

Zu den befremdlichsten Orten Asiens gehört die indisch-pakistanische Grenzstation Wagah. Jeden Nachmittag versammeln sich dort zur Ablösung der Wachposten Hunderte, manchmal Tausende Punjabis auf beiden Seiten der Grenzanlage und brüllen sich aus Leibeskräften nationalistische Parolen zu. Dieses Spektakel, das auch Phasen der politischen Annäherung überdauert, ist zu einer Art Volkssport geworden, der sich nicht zuletzt in den Kricketstadien fortsetzt. Wagah ist nur ein besonders lautstarkes Symbol für die Vitalität des asiatischen Nationalismus. Anzutreffen ist er fast überall und in fast allen Ländern. In Indonesien genügt die Ankündigung Malaysias, die illegalen Gastarbeiter des Nachbarn auszuweisen, um spontane Demonstrationen im Namen der Nation zu provozieren. In Kambodscha gehen Fensterscheiben thailändischer Geschäfte zu Bruch, wenn die Seifenoper-Schauspielerin Suvanant Kongying im Fernsehen die Bemerkung fallen lässt, dass Angkor Wat in Wahrheit zu Thailand gehöre. In Peking fliegen Steine auf die Botschaft Japans, weil im Nachbarland historisch unsensible Schulbücher verteilt werden.

Der asiatische Nationalismus unterscheidet sich vom europäischen in zwei wesentlichen Aspekten: Er klingt nicht ab, und er genießt einen guten Ruf. Während die europäische Spielart von der Unterwerfung fremder Länder motiviert wurde, lebte die asiatische von der Rückeroberung der eigenen Hoheitsgebiete. Anders als in der Alten Welt war der Nationalismus insofern mit einer «gerechten Idee» verknüpft, und anders als in Europa hatten seine Erfolge Bestand. Kaum ein Land, das sich nach dem Zweiten Weltkrieg freikämpfte, musste seither territoriale Einbußen hinnehmen, während den Staaten Europas ihre nationalistischen Abenteuer beträchtliche Gebietsverluste beschert haben.

Kolonialerbe

Die Asiaten haben den Nationalismus ihren langjährigen Peinigern zu verdanken. Die Kolonialheere aus der Alten Welt fassten in Asien nie in gleicher Weise Fuß wie in Amerika oder später in Australien. Sie blieben Besatzer, wenn auch mehr als 450 Jahre lang. Bei allen Grausamkeiten – zunächst gegenüber einheimischen Geschäftskonkurrenten, später gegenüber Widerstandsbewegungen – blieben Vertreibung, Versklavung und Massenmord auf dem Subkontinent und im Fernen Osten Ausnahmeerscheinungen. In der ersten Hälfte der Kolonialzeit – von Vasco da Gamas Landung in Kalkutta im Jahr 1498 bis zu den territorialen Eroberungen im 18. Jahrhundert – traten die Europäer überwiegend als Händler, Missionare und Forscher in Erscheinung. In den 200 Jahren bis zum erzwungenen Abzug der Franzosen aus Indochina im Jahr 1954 verlegten sich die Kolonialherren aufs Annektieren und Regieren, aber auch aufs Reformieren und Entwickeln.

Obwohl sich die meisten Länder Asiens zu Beginn der Neuzeit in einer Phase des Niedergangs befanden, war in Europa doch ein Bewusstsein verbreitet, einen Raum mit Geschichte und Kultur erobert zu haben. Das Interesse an der fremden Welt, das wirtschaftliche Ausbeutung und politische Unterwerfung stets begleitete, schlug sich in zahlreichen Büchern und Studien nieder, die in den Salons Europas leidenschaftlich diskutiert wurden. Anthropologie, Zoologie, Politik – es gab keinen Bereich, der nicht durchleuchtet wurde. Oft waren es die Kolonialbeamten selbst – der Brite Thomas Stamford Raffles gilt hier als herausragendes Beispiel –, die mit der einen Hand Haftbefehle ausstellten und mit der anderen feinsinnige Schriften über die neue Umgebung verfassten. Selbst Königin Victoria lernte Hindi und ließ den deutschen Oxford-Indologen Max Müller regelmäßig in den Palast kommen. Das Interesse an der unterworfenen Welt zeitigte zuweilen Erkenntnisse, die in Asien selbst verschüttet gewesen waren. Die Indonesier erfuhren erst von den niederländischen Gelehrten Brandes, Kern und Krom, wie groß und mächtig das vergangene Majapahit-Reich auf Java tatsächlich gewesen war. Die Kambodschaner wiederum verdankten Archäologen der École Française d'Extrême-Orient, dass die Tempelanlage von Angkor Wat – das heutige Identitätszentrum der Khmer – rekonstruiert wurde. Derartige Wiederentdeckungen kultureller Leistungen spielten keine geringe Rolle bei der Herausbildung nationaler Identitäten.

Stimuliert wurde das neue Wir-Gefühl jedoch nicht von den Errungenschaften, sondern den Zumutungen der Kolonialherrschaft. Vom Sonderfall Japan abgesehen, das im 19. Jahrhundert als imperiale Macht zu sich fand, war die nationale Idee fast überall auf dem Kontinent gegen die Unterdrückung durch Fremdherrscher gerichtet und untrennbar mit der Sehnsucht verbunden, das Joch endlich abzuschütteln. Von der chinesischen Kuomintang über den indischen Nationalkongress bis zur indonesischen Befreiungsbewegung triumphierte das Ziel der Selbstbestimmung.

In den früheren Kolonien Hollands waren es sozial bewegte Nationalisten, in Indochina nationalistische Kommunisten, die die europäischen Besatzer gewaltsam aus dem Land drängten und die Unabhängigkeit ausriefen. Bis heute werden in Indonesien oder Vietnam die Kriegshelden der vierziger und fünfziger Jahre ikonenhaft verehrt. In Indien, das seine Unabhängigkeit hauptsächlich durch gewaltfreien Widerstand und Verhandlungen erreichte, schlug der Prozess eine andere Richtung ein. Das neue, sozialistisch inspirierte Nationalbewusstsein richtete sich hier nicht nur gegen den Westen, sondern mehr noch gegen den muslimischen Bruderstaat Pakistan, der nach 1947 aus dem Fleisch des Subkontinents entstanden war. Im indischen Pantheon stehen daher Zivilisten wie Gandhi und Nehru neben jenen Generälen, die Kaschmir kurz nach der Teilung vor Islamabad gerettet haben. Auch die Pakistaner ehren ihre Schlachtenführer gegen Indien fast mit gleicher Inbrunst wie Staatsgründer Jinnah oder den «Vater der pakistanischen Atombombe», Abdul Qadir Khan.

Aufrüstung

In den meisten Ländern Asiens sind die Streitkräfte zu den Hauptträgern nationaler Identität geworden, nicht selten zu Volksschulen der Indoktrination. Ihre Funktionen reichen weit über das klassische Militärportfolio hinaus. In Thailand löste die Armee regelmäßig gewählte Regierungen ab, um das Land nach Übergangsphasen neuen Kräften zu übergeben. In Indonesien hielt die Armee den islamischen Fundamentalismus in Schach und bestimmte über lange Strecken die Politik des

Landes – «Dwifungsi» wurde dies genannt. Einen nahezu totalitären Anspruch erheben die Militärs bis heute in Pakistan und Burma, wo sie bis in die letzten Winkel des Landes Kontrolle ausüben. Die Anmaßungen, die sich die Generäle im Laufe der Dekaden erlaubten, trugen nicht überall zu ihrem Ansehen bei. Und doch ist der Stolz der Asiaten nahezu ungebrochen, wenn sie ihre Soldaten an den Nationalfeiertagen über die Straßen der Hauptstädte paradieren sehen.

Nationalismus und Militarismus sind in weiten Teilen des Kontinents nicht auseinander zu halten. In Indien wirbt die Luftwaffe mit haushohen Plakaten, auf denen ein gut aussehender Flieger neben seinem Kampfjet steht, darunter die Zeile: «Sei ein Krieger, komm zur indischen Luftwaffe». Neue Rüstungsimporte – sei es ein ausgedienter Flugzeugträger aus Russland oder militärische Hochtechnologie aus Amerika – werden in den Zeitungen mit großen Schlagzeilen und stolzen Leitartikeln gewürdigt. Investitionen in die Wehrhaftigkeit gelten immer auch als Investition in die Zukunft des Volkes. Entsprechend viel lässt sich Asien sein Militär kosten. Während die Verteidigungsbudgets in Europa seit Jahren stagnieren, wachsen die Militäretats östlich des Hindukusch in der Regel überproportional zum (ohnehin höheren) Wachstum der Volkswirtschaften.

Das Friedensforschungsinstitut in Stockholm berechnete für die Jahre 1993 bis 2002 einen weltweiten Anstieg der Rüstungsausgaben von 3 Prozent – in Ostasien lag der Anteil in derselben Dekade bei durchschnittlich 22 Prozent. Auch gemessen am Bruttosozialprodukt nehmen die Verteidigungsausgaben einen beträchtlich höheren Anteil ein als in Europa. Nach den Erkenntnissen der CIA stecken die vier einwohnerstärksten Länder Asiens (China, Indien, Indonesien und Pakistan) im Durchschnitt 3,2 Prozent ihres Volkseinkommens in das Militär, während den großen Vier in Kontinentaleuropa (Deutschland, Frankreich, Italien und Spanien) ihre Verteidigung nur 1,8 Prozent des Volkseinkommens wert ist.

Obwohl die Asiaten in absoluten Zahlen immer noch weniger Geld als die Europäer investieren, unterhalten sie schon heute weitaus größere Armeen. Allein China und Indien haben zusammen mehr als 3,5 Millionen Mann unter Waffen. Auch Erwerb und Entwicklung militärischer Hochtechnologie ziehen spürbar an. China und Indien haben sich zu den weltweit hungrigsten Rüstungsimporteuren entwickelt. Im Jahr 2003 führte Delhi Waffen im Wert von 3,6 Milliarden US-Dollar ein, Peking zahlte 2,5 Milliarden. Durch beachtliche Investitionen in die heimischen Rüstungsindustrien wollen beide Länder ihre Abhängigkeiten vom Ausland vermindern. In der Satellitentechnologie spielen China und Indien schon heute in der ersten Liga. Auch ihre Atomprogramme sind weitgehend autark. Mit ihren großen Flotten und den wachsenden Nuklearарsenalen unterstreichen sie einen miltärischen Machtanspruch, den Europa lange aufgegeben hat.

Für die meisten Europäer passen Atomwaffen nicht mehr in die Zeit. Sie gelten als verblichene Währung, mit der man in Zeiten des Kalten Krieges gehandelt hat, die nun aber ohne Wert sind. In Asien sind Nuklearwaffen nach wie vor höchster Ausdruck militärischer Potenz. Sie gelten nicht nur als verlässliche Gewähr für ein steigendes internationales Ansehen, sie dienen auch als Ultima Ratio in einem regionalen Umfeld, das keine stabile Sicherheitsarchitektur etabliert hat und sich eben nicht nur dynamisch, sondern auch unvorhersehbar entwickelt.

Die Sonntagsreden über die Bedeutung der ‹Dritten Welt›, die nach Gründung der Vereinten Nationen immer wieder im Westen zu hören waren, haben in Asien keinen großen Eindruck hinterlassen. Ziemlich schnell wurde erkannt, dass sich das schlechte Gewissen der Kolonialmächte nicht in echte Partnerschaft übersetzte. Wo die Länder Asiens nicht als Spielbälle der beiden großen Blöcke dienten, fanden sie sich in der Bedeutungslosigkeit der Blockfreienbewegung marginalisiert. Aus eigener Kraft betrieb kein Land Asiens eine Politik, die über den unmittelbaren Einflussbereich hinausging. Dies änderte sich erst, als China 1964 seinen ersten Atombombentest erfolgreich beendete und damit einleitete, was der amerikanische Politikwissenschaftler Paul Bracken das «Zweite Nuklearzeitalter» nennt.

Dem Versuch des Westens, nach dem chinesischen Durchbruch die Zahl der Atommächte zu begrenzen, war zweifelhafter Erfolg beschieden. Apologeten des «Nichtverbreitungsvertrages» von 1968, der nur den fünf ständigen Mitgliedern des UN-Sicherheitsrates den Besitz der Atomwaffen erlaubt, betonen, dass er eine ganze Reihe von Staaten zur Abkehr ihrer Atomwaffenpolitik gebracht hätte, unter ihnen Brasilien, Argentinien, Südkorea und Taiwan. Kritiker wenden ein, dass sich die Zahl der Atomwaffenstaaten seit 1968 trotzdem fast verdoppelt hat. Nimmt man die topographische Kontinentalgrenze – vom Ural über den Kaukasus bis zur Sinaihalbinsel – zur Grundlage, sind die neuen Atommächte ausnahmslos auf asiatischem Boden entstanden.

Angetrieben wurde ihr Ehrgeiz durch eine Verschränkung aus Bedrohungsgefühl und Prestigehunger. Israel, das seit Ende der sechziger Jahre als atomwaffenfähig gilt, ohne je einen Test abgeschlossen zu haben, hat die nuklearen Aspirationen im Nahen und Mittleren Osten nicht unwesentlich beflügelt – auch wenn es fast dreißig Jahre dauerte, bis Libyen, Irak und Iran in die Nähe eines Atommachtstatus kamen. Nach dem freiwilligen Verzicht Gaddafis und dem Sturz Saddam

Husseins, dessen Nuklearprogramm, wie man heute weiß, schon mit Hilfe der Sanktionen zum Erliegen gekommen war, konzentriert sich die Aufmerksamkeit der internationalen Gemeinschaft nun auf Nordkorea und Iran.

Zu seiner ersten Blüte verhalf dem «Zweiten Nuklearzeitalter» die Regierung in Indien. Delhi, das wie Jerusalem den Nichtverbreitungsvertrag nie unterschrieben hat, testete die erste Atombombe im Jahr 1974. Als Grund führten die Inder die Bedrohung durch China an – der Grenzkrieg lag erst zwölf Jahre zurück – sowie die Spannungen mit Pakistan, das freilich immer unterlegen war und damals auch noch keine Atomwaffen besaß. Sogar die Präsenz der amerikanischen Flotte im Indischen Ozean wird von Verteidigungspolitikern in Delhi zuweilen als Argument bemüht. Dass die internationalen Proteste und der erhebliche politische Druck auf Indien erfolglos blieben, hinterließ Wirkung in der Region: Wer die Bombe erst mal hat, lautete die Lehre, dem kann so schnell keiner mehr!

Den größten Schock löste die indische Bombe in Islamabad aus. Vom damaligen Premierminister Zulfikar Ali Bhutto ist die Reaktion überliefert: «Wir werden Gras essen oder Blätter, vielleicht sogar hungern, aber wir werden eine eigene haben.» Es sollte dauern. Mit der Hilfe des in Europa ausgebildeten Nuklearwissenschaftlers Abdul Qadir Khan zündeten die Pakistaner erst 24 Jahre später, im Sommer 1998, ihre erste Atombombe. Die Reaktion der Inder folgte auf dem Fuße: neue Tests ihrerseits. In der späten Entwicklungsphase des Atomprogramms intensivierte Islamabad den technologischen Austausch mit Nordkorea. Grob lautete die Geschäftsformel: Nuklearmaterial gegen (chinesische) Trägersystem-Komponenten. Bis heute lässt das Regime in Pjöngjang die Welt im Unklaren, ob es einsatzfähige Atomwaffen besitzt. Die fünf Nationen, die sich zu mehr oder weniger regelmäßigen Verhandlungen mit Nordkorea treffen – China, Japan, Südkorea, Russland und Amerika –, wirken zumindest überzeugt davon.

Spätestens seit Pjöngjang im Jahr des pakistanischen Atombombentests eine Taepodong-Rakete Richtung Japan abgeschossen hat, schwelt auch in Tokio die Diskussion, ob ausreichend für die eigene Sicherheit gesorgt ist. Im einzigen Land, das schmerzhafte Erfahrungen mit dem Einsatz von Atomwaffen gemacht hat, war die nukleare Option immer ein Tabu gewesen; die Sicherheitsgarantien Amerikas haben diese Abstinenz möglich gemacht. Aber mit der drohenden oder tatsächlichen Nuklearisierung Nordkoreas, den regionalen Machtverschiebungen zugunsten Chinas und der Bedrohung durch den internationalen Terrorismus hat ein Umdenken eingesetzt. Militärtechnisch sind die Japaner den übrigen asiatischen Staaten seit Jahrzehnten überlegen; ohne die japanische Armee, Luftwaffe und Marine könnte Amerika seine Rolle als regionale Ordnungsmacht schon lange nicht mehr ausfüllen. Nun befreien sich die Japaner von ihrer auferlegten Selbstbeschränkung. Die Verabschiedung eines «Entsendegesetzes» und eines «Notstandsgesetzes» haben die Befugnisse der Streitkräfte beträchtlich erweitert. Der erstmalige Out-of-Area-Einsatz von Militärkontingenten im Rahmen des internationalen Antiterrorkrieges beschreibt das neue Selbstverständnis ebenso sehr wie die parlamentarische Ermächtigung, im Falle eines Angriffs militärisch unverzüglich zurückschlagen zu dürfen. Noch steht die dreigliedrige Nuklear-Doktrin – keine Produktion, kein Besitz und keine Lagerung von Atomwaffen – nicht ernsthaft zur Disposition; dafür sorgte schon der bald traditionelle Pazifismus in der Bevölkerung. Aber in den sicherheitspolitischen Kreisen hat die Diskussion über das Tabu begonnen.

Dies gilt in ähnlicher Weise für Südkorea, das sich am unmittelbarsten von seinem nördlichen Nachbarn bedroht fühlt. Die Ankündigung der Amerikaner, einen Teil ihrer Streitkräfte – Südkorea ist ihr zweiter großer Stützpunkt in Asien – sukzessive nach Zentral- und Westasien zu verlagern, hat auch in Seoul der sicherheitspolitischen Debatte Auftrieb gegeben. Technologisch steht den Südkoreanern auf dem Weg zur Atommacht wenig entgegen. Dies gilt nicht minder für Taiwan. Die unverhohlenen Drohungen Chinas, die abtrünnige Insel früher oder später «heim ins Reich» zu holen, wurden nur so lange mit einer gewissen Gelassenheit hingenommen, wie Amerika glaubhaft als Garantiemacht auftreten konnte. Inzwischen mehren sich die Stimmen, die nicht mehr darauf wetten wollen, dass Washington im Fall einer chinesischen Aggression den großen Konflikt wirklich riskiert. Mancher Taiwaner meint daher, dass auf Dauer nur auf einen eigenen – nuklearen – Schutz Verlass sei.

Die dynamische Konstellation in Asien erinnert in mancherlei Hinsicht an den europäischen Vorabend des Ersten Weltkrieges. Zwar gab es vor hundert Jahren keine überragende Weltmacht Amerika, auch waren die Staaten Europas wirtschaftlich weniger stark voneinander abhängig, als dies in Asien der Fall ist. Aber wieder ist ein Kontinent voll erfasst von gesellschaftlichen und politischen Umwälzungen, wieder verändert sich eine regionale Landkarte mit rasanter Geschwindigkeit. Staaten, die gestern noch uneinholbar schienen, fallen zurück, andere holen auf und verschieben die Koordinaten. In den Hauptstädten, die um regionalen Einfluss ringen, wird – allen multilateralistischen Bekenntnissen zum Trotz – eine interessengeleitete Machtpolitik betrieben. Und wie im Europa des beginnenden 20. Jahrhunderts schürt der Nationalismus die Irrationalität. Dass die drei großen Konflikte unserer

Zeit – Kaschmir, Taiwan, Korea – in Asien beheimatet sind, muss vor diesem Hintergrund beunruhigen. Was sie besonders gefährlich macht, sind ihre Wurzeln: Alle drei entstanden aus einer nationalen Verwundung, aus der Spaltung einer Nation.

Kaschmir

Kein Krisenherd Asiens stand so kurz vor einer nuklearen Explosion wie Kaschmir. Noch heute tritt manchen Generälen und Politikern in Delhi und Islamabad der Schweiß auf die Stirn, wenn sie ans Frühjahr 2002 denken, als für einige Wochen nicht nur Inder und Pakistaner den Atem anhielten, sondern die Menschen in aller Welt. Zeitweise standen sich mehr als eine Million Soldaten an der kaschmirischen «Line of Control» gegenüber, und es hätte wohl nur einer nervösen Überreaktion bedurft, um einen Krieg auszulösen, dessen Folgen für den Subkontinent und die umliegenden Regionen schwer zu berechnen gewesen wären.

Anders als China und Korea spaltete sich Indien nicht entlang ideologischer, sondern entlang religiöser Grenzen. Der Streit um die Bergprovinz begann scheinbar harmlos – mit einer Frage. Als die scheidenden Briten ihr Herrschaftsgebiet im August 1947 auf Drängen des muslimischen Flügels in Indien und Pakistan aufteilten, wollten sie vom Fürsten in Kaschmir wissen, zu welchem der beiden neuen eigenständigen Staaten er fortan gehören wolle – eine Entscheidung, die den Maharadscha in Ratlosigkeit stürzte. Als Hindu regierte er eine Bevölkerung mit muslimischer Mehrheit und hatte das selten als Problem empfunden. In Kaschmir war man an religiöse Unordnung gewöhnt. Lange Zeit war die Provinz von Sikh-Herrschern regiert worden, bis die Briten das Gebiet

Mitte des 19. Jahrhunderts eroberten. Weil sie mit der überwiegend unwirtlichen Berggegend keine großen Pläne hatten, verkauften sie es 1846 an einen Dografürsten aus Jammu; fortan wurde es von Hindus regiert.

Der Maharadscha erbat sich Bedenkzeit – und löste so den Kaschmirkonflikt aus. Pakistanische Truppen nahmen dem Cunctator die Entscheidung ab und marschierten in das Fürstentum ein. Der Bedrängte sah sich gezwungen, in Delhi um Hilfe zu bitten, worauf die indischen Truppen mobilisiert wurden und einen Teil der Gebiete zurückeroberten. Inmitten des Krieges reiste der britisch-indische Generalgouverneur Lord Mountbatten zu Friedensverhandlungen mit dem pakistanischen Staatsgründer Jinnah und zog ergebnislos ab. Die Kämpfe gingen weiter.

Die Ereignisse jener Wochen prägen den Konflikt bis in diese Tage hinein. Der Kaschmirkrieg von 1947 hinterließ die Grenze, die bis heute gilt; die folgenden Kriege und Offensiven vermochten es nicht, den Status der Provinz militärisch zu verändern. Und Mountbattens Friedensmission während des ersten Kaschmirkrieges setzte den Takt für die Verhandlungen der nächsten Jahrzehnte: Sie scheiterten mehr oder weniger alle.

Wenn die gegenwärtige Annäherung Indiens und Pakistans einen gewissen Optimismus auslöst, kann er kaum aus der Geschichte des Konflikts gespeist sein, schon gar nicht aus der jüngeren. In Indien ist unvergessen, wie Premierminister Vajpayee 1999 in Lahore mit dem pakistanischen Präsidenten Sharif verhandelte, während dessen oberster General, Perrez Musharraf, bereits an einer Offensive gegen Kargil im indischen Teil Kaschmirs feilte. Kläglich scheiterte auch der zweite Gipfel vor der Kulisse des symbolträchtigen Taj Mahal, den (der inzwischen regierende) Präsident Musharraf im Sommer

2001 unverrichteter Dinge verließ. Nur wenige Monate nach Agra wurde ein Anschlag auf das Parlament in Delhi verübt, was die wohl gefährlichste nukleare Mobilmachung seit der Kubakrise in Gang setzte.

Die Armeen auf beiden Seiten der Demarkationslinie sahen sich im Frühjahr 2002 von einer nationalistischen Stimmung in ihren Heimatländern getragen. Die Zeitungen in Indien und Pakistan waren voll mit gegenseitigen Anklagen, viele Kommentatoren zeigten unverhohlenen Stolz über die nuklearen Kapazitäten ihres jeweiligen Vaterlandes. In Indien griff das Pakistan-Ressentiment auf die Muslime im eigenen Land über, vor allem im Bundesstaat Gujarat, was die Stimmung im Nachbarland zusätzlich anheizte. Noch lange nachdem die unmittelbare Kriegsgefahr gebannt war, verlief kaum ein politisches Gespräch auf dem Subkontinent ohne leidenschaftliche Ausfälle gegen den «Feind».

Entsprechend zaghaft begann die Wiederannäherung, nachdem Vajpayee im April 2003 (auf einer Reise durch Kaschmir) den Pakistanern überraschend die «Hand der Freundschaft» entgegengestreckt hatte. Vor allem Delhi legt Wert darauf, diesmal nicht mit großen Gesten und Medieninszenierungen voranzukommen, sondern mit einer Politik der kleinen Schritte. In schmucklosen Arbeitsgruppen, die selten Staatssekretärsebene erreichten, vereinbarten beide Seiten eine Reihe vertrauensbildender Maßnahmen. Die abgespeckten Vertretungen in beiden Hauptstädten wurden wieder auf Normalmaß gebracht, ordentliche Botschafter entsandt. Visaregelungen wurden gelockert, Grenzstationen geöffnet, Bahn- und Flugverbindungen restauriert. Zur symbolträchtigsten Errungenschaft entwickelte sich das Vorhaben, die beiden Teile Kaschmirs mit einer Buslinie zu verbinden. Es dauerte geschlagene zwei Jahre, bis die Details ausgearbeitet waren und im April 2005 die ersten

Kaschmiris auf direktem Wege ihre Verwandten jenseits der Grenze besuchen konnten.

Nicht näher gekommen sind sich beide Seiten in der Frage nach der politischen Zukunft der Provinz. Auf seiner Kaschmirreise im November 2004 zeigte Vajpayees Nachfolger Manmohan Singh die Grenzen der indischen Verhandlungsbereitschaft auf. Singh sagte den Kaschmiris zwar großzügige finanzielle Hilfen zu und ließ als Zeichen guten Willens einige Soldaten abziehen, die im Tal als Besatzungstruppen wahrgenommen worden waren. Gleichzeitig machte er jedoch deutlich, dass Indien am territorialen Status quo nicht rütteln lassen werde. Kaschmir solle auch weiterhin integraler Bestandteil Indiens bleiben.

Genau auf diese Position hatte Musharraf gezielt, als er im Herbst 2004 einen neuen Plan skizzierte. Kaschmir, schlug er vor, solle in sieben Regionen zerlegt – zwei im pakistanischen Teil, fünf im indischen – und nach Referenden unter eine jeweils neue Verwaltung gestellt werden. Diese Administrationen könnten entweder von den Vereinten Nationen oder gemeinsam von Indien und Pakistan bestückt werden. Musharrafs Vorstoß erregte Aufsehen – nicht nur im eigenen Land –, weil er von einem pakistanischen Grundsatz abzurücken schien: dem Anspruch auf «ganz Kaschmir». Seit 1947 forderten die Regierungen in Islamabad ein Referendum im Gesamtgebiet. Weil es mehrheitlich muslimisch bevölkert ist, rechnete sich Pakistan stets eine Entscheidung zu seinen Gunsten aus. Musharrafs Teilungsplan trug nun erstmals der religiösen Zersplitterung der Provinz Rechnung. Die hinduistischen Gebiete um Jammu oder die buddhistischen Gemeinden in Ladakh würden vermutlich anders votieren als die Sunniten in Srinagar oder die Schiiten im hochgebirgigen Norden.

Ebendies wollen die Inder nicht zulassen. Ihr Hauptinteresse gilt dem eigentlichen Kaschmirtal, das mehrheitlich muslimisch bewohnt ist. Srinagar gehört aus indischer Sicht so sehr zum Land wie Kalkutta oder Bombay. Staatsgründer Nehru stammt von dort, die Oberschicht aus Delhi besitzt im Tal ihre Sommerdatschen. Die Demarkationslinie, die seit der Teilung des Landes Bestand hat, mag im Zuge von Verhandlungen graduell verschoben werden, aber an ihrem für Indien vorteilhaften Verlauf wird sich nach Ansicht aller maßgeblichen Politiker in Delhi – ob aus der Regierung oder der Opposition – nichts ändern. Nicht von ungefähr haben die Inder zeitgleich mit dem Waffenstillstand an der «Line of Control» damit begonnen, die Demarkationslinie mit Zäunen zu befestigen. Zu den Skurrilitäten des Konflikts gehört es, dass sich beide Seiten trotzdem auf ein «Konzept der weichen Grenzen» verständigt haben. Danach soll den Kaschmiris durch immer mehr direkten Austausch «das Gefühl vermittelt werden, es sei egal, auf welcher Seite der Grenze man lebt», erklärte Manmohan Singh das Konzept.

Die Qualität der Wiederannäherung gründet nicht im plötzlichen Näherrücken von Positionen, sondern in einem neuen Willen, den Konflikt nicht noch einmal eskalieren zu lassen. In beiden Ländern haben sich andere Prioritäten in den Vordergrund geschoben, die durch militärische Spannungen, gar offene Auseinandersetzungen nur beeinträchtigt würden. Indien sieht sich auf dem Weg vom regionalen Hausmeister zur Großmacht mit internationalen Ambitionen. Der Konflikt mit Pakistan bindet nicht nur Geld und Energien – er macht Indien auch kleiner, als es sein will. Delhi ist besessen von der Idee, den Vorsprung Chinas einzuholen, und betrachtet sich als ebenbürtigen Partner der Vereinigten Staaten bei der Stabilisierung Südasiens. Pakistan wird von dieser Entwicklung mitgerissen. Islamabad fürchtet, vom großen Nachbarn vollends abgehängt zu werden. Der Ehrgeiz der politischen Elite Islamabads, wirtschaftlich auf die Beine zu kommen und ein anerkanntes Mitglied der internationalen Gemeinschaft zu werden, überwiegt derzeit das zynische Kalkül der Militärs, mit dem Konflikt um Kaschmir die eigene staatliche Sonderrolle zu legitimieren.

Eine wesentliche Rolle spielt zudem Amerika, das sich nicht nur während der Krise von 2002 als zentrale Vermittlungsinstanz bewährt hat. Washington hat großes Interesse an einem stabilen Subkontinent und hantiert in beiden Hauptstädten erfolgreich mit Zuckerbrot und Peitsche. In Pakistan honorieren die Vereinigten Staaten großzügig das Zurückdrängen des Islamismus. Dabei besteht Washington nicht nur auf Razzien an der Grenze zu Afghanistan, sondern auch auf der Schließung von Jihadi-Lagern im pakistanischen Teil Kaschmirs. Musharrafs politische und finanzielle Abhängigkeit von Amerika macht ihn gefügig. Die indische Regierung wiederum verspricht sich viel von ihrer «strategischen Partnerschaft» mit Washington, die sie keinesfalls durch Fehlverhalten gefährden will.

Aus dieser Konstellation ist auf dem Subkontinent die Einsicht erwachsen, dass reibungslose Beziehungen mehr nützen als schaden. Dies gilt nicht zuletzt für die Energieversorgung, die mit dem Wirtschaftswachstum beider Länder an Bedeutung gewonnen hat. Indien braucht Pakistan als Durchgangsland für seine Gas- und Ölpipelineprojekte mit Iran und Turkmenistan. Die Pakistaner wiederum könnten von Indien profitieren, würden sie ihr teuer aus Kuwait eingeführtes Dieselöl direkt vom großen Nachbarn beziehen. Gefördert wird die neue Gesprächsbereitschaft von einer regionalen Integrationsstimmung. Immer mehr Politiker sprechen von einer «asiatischen Identität» – das Geflecht bi- und multilateraler Verträge wird enger. Indien und Pakistan sitzen nicht nur gemeinsam an den Tischen der Vereinten Nationen und der Welthandelsorganisation, sie sind auch Mitglieder in der südasiatischen Staatengemeinschaft Saarc und neuerdings im sicherheitspolitischen Asean-Regionalforum (ARF).

Auch wenn die politische Großwetterlage den Weg in die friedliche Koexistenz derzeit begünstigt, muss sich die «Unumkehrbarkeit», die Musharraf und Singh dem Friedensprozess bescheinigten, erst noch erweisen. Bislang ist es den Kontrahenten trotz vieler Bemühungen nicht einmal gelungen, den bizarren Konflikt um den unbewohnten Siachen-Gletscher beizulegen. Auch bleiben politische Unwägbarkeiten. In Indien könnten Rückschläge in der Wirtschaftsentwicklung jederzeit alte Besessenheiten zum Leben erwecken. Und in Pakistan bleibt die Lage mehr als fragil. Die Attentatsversuche auf Musharraf haben in Erinnerung gerufen, dass die Herrschaft des westlich gestimmten Präsidenten über Nacht beendet sein kann. Niemand weiß, wer ihm folgen würde – und niemand zweifelt daran, dass das prekäre Gleichgewicht zwischen Islamisten, Militärs und dem demokratisch orientierten Bürgertum nur bedingt Experimente verträgt.

Taiwan

Anders als in Kaschmir wurde in Taiwan nie geschossen. Das ändert aber nichts daran, dass der Konflikt um die abtrünnige Insel mindestens so gefährlich ist wie der im Himalaya. Während ein – selbst nuklear geführter – Krieg auf dem Subkontinent nicht unweigerlich überregional ausgreifen müsste, hätte ein offener Kampf um Taiwan sofort globale Dimensionen. Griffe Washington aufseiten Taipehs ein, befände sich China nicht nur in einer transpazifischen Auseinandersetzung mit

Amerika, sondern möglicherweise auch in einem Weltkrieg mit dem transatlantischen Verteidigungsbündnis. Zumindest im Falle eines chinesischen Angriffs auf die Vereinigten Staaten wäre die Nato zum Beistand verpflichtet.

Mindestens einmal stand die Insel kurz vor einem Krieg. 1950, ein Jahr nachdem die Kommunisten im Bürgerkrieg gesiegt und ihre Herrschaft in Peking errichtet hatten, bereiteten sie die Invasion der Insel vor, auf die sich die geschlagenen Nationalisten der Kuomintang zurückgezogen hatten. Weil die Amerikaner kurz zuvor signalisiert hatten, in einem solchen Falle nicht zu intervenieren, ging die Welt für einige Wochen davon aus, dass auch Taiwan bald kommunistisch sein würde. Ein überraschender Krieg in der Nachbarschaft änderte dies: Der Angriff, den Nordkorea Mitte des Jahres auf den Süden begann, brachte Amerika dazu, aufseiten Seouls einzugreifen, während China bald Pjöngjang unterstützte. Noch bevor die chinesischen Truppen in Korea eintrafen, kündigte Washington an, mit der legendären 7. Flotte die Straße von Taiwan neutralisieren zu wollen, um die Nationalisten auf Taiwan vor einer Invasion zu schützen. Seither hat der Konflikt eine interkontinentale Dimension.

Taiwan sank, ähnlich wie Kaschmir, erst spät ins nationale Gedächtnis. Lange war die Insel auf der chinesischen Landkarte kaum verzeichnet. Ihre Bewohner – viele waren es nicht – reflektierten Taiwans historische Zugehörigkeit zur malaiisch-polynesischen Welt. Als am Ende des 16. Jahrhunderts die Portugiesen und wenig später die Holländer in Taiwan anlegten, nahm die Ming-Dynastie nicht allzu viel Notiz davon. In die chinesische Geschichte trat die Insel erst Mitte des 17. Jahrhunderts ein – ironischerweise in jener Funktion, die 300 Jahre später den heutigen Konflikt begründen sollte: als Zufluchtsort.

An die 100 000 Küstenchinesen flohen nach Taiwan, nachdem die Mandschu 1644 damit begonnen hatten, große Teile des Festlandes zu erobern. Wie 300 Jahre später die Kuomintang träumten die Flüchtlinge zunächst von der Rückeroberung des Festlandes – scheiterten aber kläglich. Zwar gelang es ihnen, die holländischen Kolonialherren zu besiegen, aber noch bevor sie sich für den großen Gegenschlag in China sammeln konnten, besiegten die Mandschu ihre letzten Verbündeten auf dem Festland, besetzten Taiwan und gliederten es ins neue Reich ein.

250 Jahre später, nach dem Krieg gegen Japan, mussten die Chinesen die Insel an den Sieger abtreten. Ein halbes Jahrhundert lang – von 1895 bis 1945 – wurde Taiwan von den Japanern regiert, bis es nach dem Zweiten Weltkrieg von den siegreichen Amerikanern an die chinesische Tschiang-Kai-schek-Regierung übergeben wurde. Viele Freunde fanden die notorisch korrupten Kuomintang auf der Insel nicht; 1947 erhob sich ein Aufstand gegen sie, den Tschiang Kai-schek blutig niederschlagen ließ. Erst 1949, nachdem Mao Tse-tung die Macht auf dem Festland errungen hatte und Tschiang mit seinen Armeen, aber auch vielen Intellektuellen nach Taiwan geflohen war, machten sich die Kuomintang die Insel – nicht zuletzt mit Hilfe des «Kriegsrechts» – dauerhaft untertan.

Mehr als zwanzig Jahre lang durfte die «Republik China», die die Kuomintang auf Taiwan ausgerufen hatten, das «Reich der Mitte» international repräsentieren. Festlandchina versank derweil in seiner dunkelsten Epoche. Erst in den siebziger Jahren verschob sich die Rivalität der beiden Chinas zugunsten Pekings. Nach dem historischen Besuch Präsident Nixons bei Mao Tse-tung im Jahr 1972, mit dem die prekäre chinesisch-amerikanische Allianz gegen die Sowjetunion begründet wurde, geriet Taiwan in die Defensive. Mit der offiziellen Aufnahme diplomatischer Kontakte zwischen Washington und Peking im Jahr 1979 beschleunigte sich die Degradierung. Nachdem Taiwan bereits den chinesischen Sitz in den Vereinten Nationen an Peking abgetreten hatte, verlor es nun auch die Botschafter in der Hauptstadt Taipeh. Die Diplomaten, die weiterhin Kontakt zu Taiwan hielten, arbeiteten fortan nicht mehr in offiziellen Vertretungen, sondern in «Büros».

Die langsam einsetzende Demokratisierung Taiwans erweiterte die innerchinesische Rivalität um eine neue Variante. Stritten vorher zwei autoritäre Regime – ein kommunistisches und ein nationalistisches – um den Vertretungsanspruch der Nation, standen sich nun zwei unterschiedliche Systeme gegenüber: Demokratie und Diktatur, Freiheit und Unfreiheit. Mit den Jahren wich der unrealistische Traum nach Wiedervereinigung unter taiwanischem Vorzeichen dem Wunsch nach Unabhängigkeit, was Peking nur nervöser machte. Was mit Hongkong und Macau gelang, funktionierte mit Taiwan offenbar nicht. Selbst großzügigste Angebote zur Wiedervereinigung – Peking gestand Taipeh nicht nur ein eigenes Parlament, sondern eine Armee zu – wurden von Taiwan ausgeschlagen. Erst wenn auch China demokratisch sei, argumentieren die Taiwaner, könne über ein Zusammengehen nachgedacht werden.

Mitte der neunziger Jahre spitzte sich der Konflikt zu. Nach einem Besuch des taiwanischen Präsidenten Lee Teng-hui in den Vereinigten Staaten – er besuchte offiziell eine Alumni-Feier an der Cornell-Universität – kappte Peking die ohnehin dünnen Drähte nach Taipeh und legte sich diplomatisch mit Washington an. Als Taiwan acht Monate später, im März 1996, die ersten direkten Präsidentenwahlen abhielt, ließ die Volksrepublik erstmals seit der Mao-Zeit auch militärisch die Muskeln spielen. Die chinesischen Streitkräfte hielten Manöver vor der Küste ab und schossen Raketen in Richtung der wichtigen taiwanischen Hafenstädte. Erst nachdem die Amerikaner mit zwei Flugzeugträgerverbänden in der Straße von Taiwan aufgetaucht waren, beruhigte sich die Lage wieder.

Während die politischen Spannungen wellenhaft zu- und abnehmen, verstärkt sich die gegenseitige wirtschaftliche Durchdringung beider Länder kontinuierlich. Mehr als 40 000 Firmenniederlassungen und über 300 000 Geschäftsleute aus Taiwan sind auf dem Festland gemeldet. Sie tragen erheblich zum Wohlstand der Volksrepublik bei. Für Taiwan wiederum ist China in den vergangenen Jahren zum wichtigsten Absatzmarkt in Asien geworden. Die gegenseitige Abhängigkeit ist den Politikern in beiden Hauptstädten bewusst. Mäßigend wirkt sie jedoch nur bedingt. Immer wieder spielen beide Seiten mit dem nationalistischen Feuer. Im März 2005 verabschiedete Peking sein «Antisezessionsgesetz». Es verpflichtet die Regierung zur Wiedervereinigung und kündigt «nichtfriedliche Mittel» für den Fall an, dass sich ein Teil des Landes – und als solcher wird Taiwan in Peking weiterhin gesehen – unabhängig erklärt. Allerdings soll diese Option erst infrage kommen, nachdem alle friedlichen Einigungsversuche «vollständig erschöpft» sind. Das Gesetz, mit viel Pomp angekündigt, bedeutet keine neue Bedrohungsqualität, nach Meinung von Fachleuten bleibt es sogar hinter dem Weißbuch aus dem Jahr 2000 zurück. Aber die Führung in Peking verspürte offenbar die Notwendigkeit, wieder einmal das nationalistische Sentiment zu bedienen.

Es ist dieser Irrationalismus, der den Konflikt so unberechenbar macht. Politisch hatte China keinen Grund, dieses Zeichen zu setzen. Der taiwanische Präsident Chen Shui-bian war ein Jahr zuvor mit seinen Plänen für mehr Unabhängigkeit am Volkswillen gescheitert. Die Taiwaner wollen unter den gegebenen Umständen keine Wiedervereinigung, aber eben auch keine Verfassungsänderung, die ihren – wenn auch prekären – internationalen Status infrage stellen könnte. Entsprechend aufbrausend sprachen Regierungsvertreter in Taipeh von einer «ernsten Provokation» und kündigten an, die Verhandlungen über neue Flugverbindungen auf Eis zu legen, bis sich Peking entschuldige.

Jede neue Drohung aus Peking stärkt jene Kräfte in Taiwan, die noch schnell die Unabhängigkeitskarte spielen wollen, bevor es zu spät ist. Bisher besitzt Taipeh die Luft- und Seehoheit in der Straße von Taiwan, bisher steht die Erklärung Washingtons, «alles Notwendige» zu unternehmen, um die Insel gegen einen Angriff aus China zu verteidigen. Allerdings schränkte George W. Bush die Garantie schon im Jahr 2001 mit der Klausel ein, dass sie nur für «nichtprovozierte» Angriffe Pekings gelte. Mit jedem Tag, den die Chinesen für ihre Aufrüstung und Machtausdehnung nutzen, verliert das amerikanische Versprechen an Glaubwürdigkeit. Nur kurz bevor die Regierung in Peking ihr Antisezessionsgesetz vorlegte, warnte die CIA in Washington, dass das militärische Potenzial Chinas eine Qualität erreicht habe, die Balance in der Straße von Taiwan zu kippen. Auch wenn unbestritten ist, dass die Amerikaner den Chinesen noch auf lange Sicht militärtechnologisch überlegen sein werden, wachsen die Zweifel, ob sie noch einen kriegerischen Konflikt riskieren würden.

Korea

In anderer Weise stehen die Amerikaner bei den Südkoreanern im Wort. Die Grenze von Panmunjom sieht aus, als sei sie für einen Hollywoodfilm hergerichtet. Exakt durch die Mitte der demilitarisierten Zone verläuft eine weiße Linie, an der sich die Soldaten beider Staaten – die des Nordens und die von Amerika beschützten «Südstaatler» – so nah gegenüberstehen, dass sie sich unterhalten könnten. Doch sie starren unbewegt in die Ferne, die Muskeln unter den Uniformen gespannt.

Das Duell mutet umso gestellter an, als die amerikanischen Presseoffiziere auf der südkoreanischen Seite die Besucher wie durch ein Disneyland des Kalten Krieges führen. Verkaufsstände bieten Kappen und Abzeichen der früheren Kriegsparteien an, Aussichtsplattformen geben den Blick frei auf die sonderbaren Flaggentürme im Süden und im Norden, die jeweils aufgestockt werden, sobald eine Seite die Höhe zu ihren Gunsten verändert. Dazu erzählen die Soldaten von den blutrünstigsten Grenzzwischenfällen der vergangenen Jahrzehnte, garniert mit markigen Sprüchen und Witzen aus einer vergangen geglaubten Epoche. Panmunjom ist die Grenze des inszenierten Gruselns.

Weil seit 1953 nicht mehr geschossen wird, hat sich die Welt an den unnatürlichen Zustand gewöhnt. Die Waffenstillstandslinie am 38. Breitengrad gehört inzwischen zum Inventar der Weltgeschichte und macht oft vergessen, dass der ungelöste Koreakonflikt die Region über Nacht in Brand stecken könnte. In seiner aktuellen Ausprägung begann der Konflikt – wie der um Taiwan und Kaschmir – in den vierziger Jahren. Aber die Spannungen zwischen dem Norden und dem Süden der koreanischen Halbinsel reichen zurück bis in die Zeit der frühesten Nationalgeschichte.

Nur gute 200 Jahre währten die ersten koreanischen Anfänge, das Gemeinwesen von Alt-Choson, bis am Ende des 2. Jahrhunderts v. Chr. die Chinesen zum ersten Mal koreanischen Boden eroberten – und vorübergehend den Norden besetzten. Bis ins 11. Jahrhundert hinein rivalisierten verschiedene koreanische Fürstentümer um die Vorherrschaft auf der Halbinsel – unter ihnen das Koguryo-Reich im Norden und das Paekche-Reich im Süden. Von einem längeren Intermezzo unter mongolischer Herrschaft abgesehen stand Korea stets in der Einflusszone Chinas und Japans. Durch die gesamte Choson-Dynastie hindurch versuchten die koreanischen Könige ihre Eigenständigkeit zu behaupten. Einen Angriff Japans Ende des 16. Jahrhunderts konnte Korea mit Hilfe der chinesischen Ming-Heere parieren, aber nach den Machtverschiebungen in der Blütezeit des Imperialismus rutschte das Königreich Anfang des 20. Jahrhunderts endgültig in den Herrschaftsbereich des östlichen Nachbarn. Korea wurde – ähnlich wie kurz zuvor Taiwan – japanische Kolonie.

Den ursprünglichen Plänen der Alliierten, Korea nach dem Sieg über die Japaner für einige Jahre unter eine gemeinsame Verwaltung zu stellen, war kein langes Leben beschieden. Schon in Jalta verständigten sich Truman und Stalin darauf, die Halbinsel nach dem Sieg zu teilen und den Norden der Sowjetunion zuzuschlagen. Aus den Nachkriegswirren entstanden im Jahr 1948 innerhalb weniger Wochen zwei Koreas. Im Süden rief die aus China zurückgekehrte Exilregierung die «Republik Korea» mit der Hauptstadt Seoul aus, während kurze Zeit später die Nordkoreaner, unterstützt von Moskau und Peking, die «Demokratische Volksrepublik Korea» gründeten. Nicht einmal zwei Jahre später, im Juni 1950, griff der Norden den Süden an.

Innerhalb weniger Tage war Seoul, das dicht hinter der Demarkationslinie liegt, überrannt. Die Sowjets hatten in den Jahren bis zu ihrem Abzug die nordkoreanische Armee ausgebildet und verstärkt, während die Amerikaner im Süden eine eher mickrige Truppe hinterlassen hatten. Bis zum Angriff der Nordkoreaner hatten die Amerikaner im Pazifik andere

Prioritäten gesetzt; weder die Halbinsel noch Taiwan gehörten zum pazifischen «Verteidigungsbogen». Aufgeschreckt von der neuen Dynamik, überzeugte Washington den Sicherheitsrat der Vereinten Nationen, einen multinationalen Einsatz unter amerikanischer Führung zu sanktionieren – ein Mandat, das nur zustande kommen konnte, weil Peking und Moskau nicht mitstimmten: China wurde in jenen Jahren von Taipeh vertreten, weshalb Moskau das New Yorker Gremium boykottierte. Der «Koalition der Willigen» gelang es, die nordkoreanischen Eindringlinge bis weit über den 38. Breitengrad zurückzudrängen und zeitweise sogar Pjöngjang einzunehmen. Erst als die chinesische Volksarmee den in die Defensive geratenen Nordkoreanern beisprang, pendelten sich die Verhältnisse wieder an der alten Grenze ein. Der Waffenstillstandsvertrag von 1953, unterzeichnet in Panmunjom, gilt bis heute.

Die beiden Staaten, die sich zu beiden Seiten des Vorhangs herausgebildet haben, könnten unterschiedlicher kaum sein. Während Südkorea den Weg von der Diktatur in die Demokratie beschritt und sich in fast allen Belangen der internationalen Gemeinschaft geöffnet hat, entwickelte die Kim-Dynastie im Norden ein bizarres, fast surreales Gesellschaftsmodell, das einzigartig in der Welt geblieben ist. Als sich das Land Ende der neunziger Jahre behutsam zu öffnen schien, entwarf der *Economist* ein Titelbild, das Kim Jong Il in seinem eigentümlichen Mao-Anzug und mit viel zu großer Sonnenbrille zeigte, darunter die Zeile: «Greetings, Earthlings». Die wunderliche (Selbst-)Isolation Nordkoreas war nie total. Verbindung nach Moskau und Peking versetzen das Regime in die Lage, am Weltgeschehen teilzuhaben und auch mit modernen Entwicklungen Schritt zu halten, nicht nur im Städtebau, sondern ebenso in der Technik. Dass mit Nordkorea zu rechnen war, zeigte sich in den achtziger Jahren, als das Land Atomkraftwerke in Betrieb nahm. Mit seinem Beitritt zum Atomwaffensperrvertrag im Jahr 1985 präsentierte sich Nordkorea sogar als bemühtes Mitglied der internationalen Gemeinschaft.

Entspannung und Konfrontation – dieses Wechselspiel beherrscht die Beziehungen der beiden Koreas seit Jahrzehnten. Auf den kurzen Frühling Anfang der siebziger Jahre, als eine gemeinsame Erklärung über Vertrauensbildung und friedliche Wiedervereinigung unterzeichnet wurde, folgte die Entdeckung von nordkoreanischen Tunnelsystemen, die bis vor die Tore Seouls reichten. Die Annäherung nach dem Fall der deutschen Mauer, als Pjöngjang und Seoul ein Grundsatzabkommen unterzeichneten und mit zwei Sitzen in die Vereinten Nationen aufgenommen wurden, mündete in der ersten Atomkrise von 1993: Als internationale Inspektoren dem Verdacht nachgehen wollten, Nordkorea unterhalte ein geheimes nukleares Aufrüstungsprogramm, verweigerte sich Pjöngjang und drohte mit dem Ausstieg aus dem Atomwaffensperrvertrag. Erst nach militärischen Drohgebärden und zähen Verhandlungen (unter Vermittlung des früheren amerikanischen Präsidenten Jimmy Carter) wurde ein Kompromiss gefunden. Die nordkoreanische Regierung versprach, ihr Atomprogramm einzufrieren, und Amerika sagte als Gegenleistung den Bau zweier moderner Reaktoren zu. In Südkorea mischte sich Erleichterung über das Ende der Krise mit der schmerzhaften Erkenntnis, dass es aus eigener Kraft wenig zu einer Entspannung beitragen konnte. Trotz Konsultationen war es Washington, das die Vereinbarung erzielt hatte, und es war Seoul, das nachher zur Kasse gebeten wurde.

Mit der «Sonnenscheinpolitik» des neuen Präsidenten Kim Dae Jung verbesserten sich die Beziehungen der beiden Koreas erneut, bis Pjöngjang im Jahr 2002 plötzlich kundtat, es arbeite sehr wohl weiter an seinem Nuklearprogramm. Manche betrachten diese Provokation als Antwort auf die Regierung Bush, die Nordkorea zusammen mit Irak und Iran auf der «Achse des Bösen» verortet hatte. Dafür spricht, dass Pjöngjang inmitten der Vorbereitungen auf den Irakkrieg einen «Nichtangriffspakt» von Amerika verlangte. Auch Wirtschaftshilfen und die Aufnahme diplomatischer Beziehungen wurden zu Bedingungen erklärt. Weil Washington nicht reagierte, erklärte Nordkorea seinen sofortigen Ausstieg aus dem Atomwaffensperrvertrag. Erst unter dem Eindruck des Irakkrieges ließ sich Pjöngjang auf multilaterale Gespräche über sein Nuklearprogramm ein. Am Tisch sitzen alle Mächte, die in der koreanischen Vergangenheit eine Rolle gespielt haben: China, Japan, Russland und Amerika. Schwankend zwischen Zugeständnissen und Kriegsdrohungen, reduziert Nordkorea die diplomatische Initiative seit längerem zu einem Pokerspiel mit ungewissem Ausgang.

Atomschmuggel und Nuklearterrorismus

Asien ist nicht nur Schauplatz eines neuen Wettrüstens und großer zwischenstaatlicher Konflikte. Es wurde auch zur Heimat unkontrollierter Nuklearisierung. Nirgendwo verbreitet sich die Atomtechnologie so rasant wie in Asien, nirgendwo floriert der Schwarzmarkt für Blaupausen und Zentrifugen prächtiger. Fast 70 Prozent der in den vergangenen fünf Jahren angeschlossenen Atomkraftwerke nahmen nach Angaben der Internationalen Atomenergiebehörde (IAEA) in Asien den Betrieb auf. Von den 27 Atomkraftwerken, die weltweit im Bau sind, werden 18 in Asien ans Netz gehen. Vom Westen sind die Nuklearingenieure schon lange nicht mehr abhängig. Nicht nur Russland, auch China und Indien sind als Atommächte weitgehend autark und bieten ihre Dienste mit zunehmendem Erfolg im asiatischen Raum an.

Da viele Länder nicht oder nur teilweise mit der Wiener Atomenergiebehörde zusammenarbeiten, vollzieht sich ein Großteil der zwischenstaatlichen Nukleargeschäfte ohne internationale Kontrolle. Oft ist der amerikanische Geheimdienst, der das Thema der Proliferation ganz oben auf der Agenda führt, besser und schneller informiert als die Wiener Wächter. Die meisten Hinweise auf dunkle Atomgeschäfte kamen in den vergangenen Jahren aus Washington. Der spektakulärste und wohl auch folgenreichste Fall ist mit dem Namen Abdul Qadir Khan verbunden. Bis heute liegt im Dunkeln, mit wessen Hilfe und mit welchen Motiven der «Vater der islamischen Atombombe» seinen Nuklear-Supermarkt eröffnet hat. Billigte, ja unterstützte die Führung in Islamabad seine gefährlichen Geschäfte? Und mit welcher Absicht? Gezielte Destabilisierung der alten Ordnung? Islamische Solidarität mit Ländern wie Iran und Libyen? Attraktive Tauschgeschäfte wie im Fall Nordkorea? Oder ging es am Ende um nichts anderes als schnöden Profit? Qadir Khans Geschichte gibt auf diese Fragen keine eindeutigen Antworten, aber sie zeigt, wie stark sich der Schmuggler von nationalistischen Empfindungen leiten ließ und wie unkontrolliert das Umfeld ist, in dem er sich entfalten konnte.

Als Qadir Khan 1935 im zentralindischen Bhopal geboren wurde, gab es Pakistan noch nicht. Der spätere Staatsgründer Jinnah, damals noch Unabhängigkeitsaktivist, träumte zusammen mit Gandhi und Nehru von einem freien Indien für alle Hindus und Muslime. Als die britischen Kolonialherren abzogen, lag die gemeinsame säkulare Vision in Scherben. Alle indischen Muslime waren aufgefordert, am Aufbau des neuen «eigenen» Staates namens Pakistan mitzuwirken. Qadir Khan erlebte den blutigen Exodus als Zwölfjähriger. In Scharen verließen die Muslime Indien gen Norden und lieferten sich mit den Hindu-Trecks, die ihnen entgegenkamen, grausame Kämpfe. Mehr als eine Million Menschen sind in den Jahren nach der Teilung getötet worden. Auch Qadir Khan machte sich mit seinen Eltern auf den Weg. In der neuen Heimat, die er bald als Student der Ingenieurwissenschaften aus Karatschi beobachtete, steckte nicht viel Hoffnung. Die politischen Wirren der Anfangsjahre mit ihren Rivalitäten zwischen islamischen Fundamentalisten, Kommunisten und der Muslim-Liga mündeten nach kurzer Zeit in die Militärdiktatur unter General Ayub Khan. Alle Politik war auf die Spannungen mit dem übermächtigen Bruderstaat Indien ausgerichtet, mit dem Pakistan gleich nach der Teilung den ersten Krieg um Kaschmir geführt hatte.

Die nächsten Niederlagen, die dem Selbstbewusstsein der Pakistaner zu schaffen machten, verfolgte Qadir Khan aus der Ferne. Als Pakistan 1965 den zweiten Krieg um Kaschmir verlor und sechs Jahre später der große östliche Landesteil abtrünnig wurde und sich als Bangladesch abspaltete, lebte Qadir Khan in Europa. Er studierte Metallurgie an der Technischen Universität in West-Berlin, promovierte an der Katholischen Universität Leuven in Belgien und fand schließlich eine Anstellung an einem Forschungslaboratorium in Amsterdam. Von dort erhielt er Zugang zur Urananreicherungsanlage Urenco, die die Bundesrepublik gemeinsam mit Großbritannien und den Niederlanden aufgebaut hatte. Hier, im holländischen Almelo, erfuhr er vom nächsten Schock in der Heimat: 1974 testete Indien zum ersten Mal einen Nuklearsprengsatz und führte Pakistan seine Unterlegenheit erneut vor Augen, diesmal mit existenzieller Wucht. Auf Bitten des damaligen Premierministers Zulfikar Ali Bhutto kehrte Qadir Khan zurück und entwickelte ab Januar 1976 das pakistanische Atomprogramm. Als die verdächtigen Aktivitäten in den Khan Research Laboratories in Kahuta, südlich von Islamabad, bekannt wurden, fiel der Verdacht schnell auf Qadir Khans vergangene Berufstätigkeiten. Niederländische Ermittler fanden heraus, dass er während seiner Anstellung an der Urananreicherungsanlage sensibles Material an den pakistanischen Geheimdienst weitergegeben hatte, worauf der Wissenschaftler 1983 in Abwesenheit zu vier Jahren Haft wegen Spionage verurteilt wurde. Als das Urteil nach einem Berufungsverfahren aufgehoben wurde, triumphierte Qadir Khan mit unüberhörbarem Spott: «Wir haben kein technisches Know-how aus dem Ausland erhalten, aber den Gebrauch von Büchern, Magazinen und Forschungsberichten können wir nicht vermeiden.»

Im Laufe der Jahre sammelten westliche Aufklärungsdienste immer mehr Indizien für eine nukleare Zusammenarbeit zwischen Pakistan, China und Nordkorea. Die Reaktionen blieben gleichwohl verhalten. Pakistan diente in den achtziger Jahren als Verbündeter im Kampf gegen die sowjetische Besatzung im Nachbarland Afghanistan und wurde mit Samthandschuhen angefasst. Erst als die Sowjetunion kollabierte und Islamabad seine Funktion einbüßte, erhöhte Amerika den Druck und setzte 1990 die militärische und finanzielle Hilfe aus. Während Pakistan sein Atomprogramm offiziell einfror, begannen die wilden Jahre der Proliferation, in denen Qadir Khan die Schlüsselrolle spielte.

Mehr als ein Dutzend Mal reiste er in den neunziger Jahren nach Nordkorea. In verschiedenen Städten der Welt traf er sich mit Mittelsmännern und Wissenschaftlern, die Kontakte nach Libyen und Iran pflegten. Dass er die Geschäfte eigenmächtig, ohne Wissen des Militärs abwickelte, ist schon deshalb unwahrscheinlich, weil sein Nuklearlabor unter strenger Aufsicht der Generalität stand. Das Militär half zudem logistisch bei der Lieferung von Zentrifugen und Komponenten. Wie aktiv Qadir Khan im letzten Jahrzehnt gewesen war, erfuhr die Welt 1998, als die Armee, kurz nach einem indischen Atomtest, die erste pakistanische Nuklearbombe zündete. Der Westen stand Kopf, Pakistan ertrank in Freudentränen.

Qadir Khan wurde gefeiert und mit Orden behängt. Das Land hatte es der Welt gezeigt, es gehörte endlich zum Club derer, die ernst genommen werden müssen. Jeder sah in Qadir Khan, was er sehen wollte: die Regierung den fähigen Wissenschaftler, die Nationalisten den glühenden Patrioten, die Fundamentalisten den frommen Glaubensbruder, der der islamischen Welt die «muslimische Bombe» in die Hand gegeben hatte. Qadir Khan bediente sie alle – und baute in aller Stille sein persönliches Imperium aus. Für einen bescheidenen Lebensstil war er nie bekannt gewesen, aber nun entwickelte er sich zum flamboyanten Lebemann. Er hatte sein Labor zu einem lukrativen Nuklear-Supermarkt ausgebaut, Kollegen, Freunde und seinen Schwiegersohn in London an den Geschäften beteiligt. Geld floss reichlich. Was er nicht mehr in neue Immobilien investieren wollte, legte er in Dubai auf die Bank. Im afrikanischen Timbuktu errichtete er ein Luxushotel und benannte es nach seiner holländischen Frau Hendrina.

Qadir Khans tiefer Fall begann langsam. Am Ende des Jahres 2003 offenbarten Libyen und Iran in kurzer Folge, dass ihre Nuklearprogramme von Pakistan gepäppelt wurden. Die Atomenergiebehörde und Washington erhöhten den Druck auf Präsident Musharraf, die Vorwürfe zu untersuchen. Die überwältigenden Indizien ließen dem General diesmal keinen Ausweg. Um sich selbst aus der Schusslinie zu bringen, schob er Qadir Khan hinein. Lange soll sich der Wissenschaftler gesträubt haben, stellvertretend für die Staats- und Militärführungen der vergangenen Jahre an den Pranger gestellt zu werden. Er brüllte, er drohte, er erpresste. Unterlagen, die die Verstrickung der Armeeführung in die schmutzigen Geschäfte belegen, lägen längst bei seiner Tochter im Safe, soll er gewarnt haben. Aber Musharraf war stärker. Offenbar genügte die Bemerkung, Pakistan werde nicht mehr für seinen Schutz garantieren können, wenn er nicht einwillige. So schloss Qadir Khan das letzte große Geschäft seines Lebens ab. Er nahm die Schuld allein auf seine Schultern und darf dafür in Ruhe weiterleben, begnadigt, reich, geehrt. Als Schurke im Ausland, als Held in Pakistan.

Bis heute lässt Islamabad niemanden mit Qadir Khan reden. Noch lange nach Bekanntwerden der Schmuggeleien sprach Musharraf von einer «sensiblen Angelegenheit» und von einer «überlebensgroßen Figur», die man nicht einfach «wie einen gewöhnlichen Kriminellen» behandeln könne. Gleichwohl gibt die pakistanische Regierung vor, seine Machenschaften unabhängig zu untersuchen. Zuweilen teilt sie Altbekanntes mit, etwa dass Khan tatsächlich mit dem Iran Verbindungen gehabt habe, aber tatsächlich lässt sich Islamabad nicht in die Karten gucken. Auch die amerikanische Außenministerin Rice erwirkte bei ihrem Besuch im April 2005 nicht mehr als vage Versprechungen. Immerhin kam Islamabad einen Monat später einer Bitte der Atomenergiebehörde nach und schickte nach monatelangem Zögern ein Team mit Nuklearmaterialien nach Wien. An ihnen soll die Behauptung der Iraner überprüft werden, das bei ihnen gefundene angereicherte Uran stamme von «verunreinigten» Zentrifugen aus Pakistan. Überschattet wurde diese Aktion allerdings von einem Regierungsbericht, der in denselben Tagen in der Schweiz veröffentlicht wurde. Er enthielt Hinweise darauf, dass das «Khan-Netzwerk» weiterhin aktiv ist – auch ohne ihren Namensgeber. Verbindungsleute der Khan Research Laboratories haben sich demnach im Jahr 2004 um 120 Tonnen russischen Spezialaluminiums bemüht, das für die Aufbereitung von Uran gebraucht wird. Als Mittler dienten den Pakistanern zwei europäische Firmen. Eine erste Schiffsladung, die aus Holland in die Schweiz gebracht wurde, fiel aber den eidgenössischen Behörden in die Hände.

Anders als in Europa wird die unkontrollierte Weiterverbreitung von Nuklearmaterial und Massenvernichtungswaffen in den Vereinigten Staaten als höchst aktuelle Gefahr begriffen. Auch die amerikanische Öffentlichkeit ist alarmiert und unterstützt die Regierung bei ihren kostspieligen Vorkehrungen. Die Furcht richtet sich nicht nur auf unberechenbare Staaten, die in den Besitz von Nuklearwaffen kommen, sondern mehr noch auf Terrorgruppen, die über Atommaterial verfügen könnten. Graham Allison, einer der Gründungsväter der John F. Kennedy School of Government in Harvard, zählt in seinem Buch *Nuclear Terrorism* eine ganze Reihe interessierter Gruppierungen auf: von der al-Qaida über die Hisbollah und die Jemaah Islamiah bis hin zu tschetschenischen Rebellen. Als mögliche Lieferquelle benennt er neben den Ländern der früheren Sowjetunion Pakistan. «Ausgehend von den intensiven Verbindungen des pakistanischen Geheimdienstes zu den Taliban, ist es nicht unwahrscheinlich, sich Pakistan als Quelle einer Zehn-Kiloton-Bombe in New York vorzustellen», schreibt Allison. Diese Gefahr droht auch London, Rom oder Berlin.

KRÄFTE IN ASIEN

CHINA · Weltmacht im Werden

An der Tsunami-Küste von Aceh, Tausende Kilometer von China entfernt, stapelten sich nur wenige Wochen nach der Flutwelle sonderbare Schrotthaufen: verbogene Fahrradgestelle, Autowracks, Gartenzaunreste – lauter Metallteile. Aufgeschichtet wurden sie von Indonesiern, die sich in jenen Tagen kein lukrativeres Geschäft vorstellen konnten. Sobald sie eine Lastwagenladung zusammengesammelt hatten, transportierten sie den Eisenschrott Richtung Hafen, wo er gegen gutes Geld auf ein Schiff verladen wurde: Endstation China.

China braucht Stahl. China braucht Holz. China braucht Öl. Der Hunger der Volksrepublik ist unersättlich, und ganz Asien ist damit beschäftigt, ihn zu stillen. Von den Regenwäldern in Kalimantan und Burma bis zu den Erdölquellen in Zentralasien und Iran – immer führen die Wege ins Reich der Mitte. «China», sagt der Asienexperte Paul van der Poel von der Beratungsfirma GFA Terra Systems, ist «wie ein schwarzes Loch, das alles aufsaugt». Es ist schwer, einen Ort in Asien zu finden, an dem nicht irgendetwas an die Volksrepublik erinnert. In vielen Ländern leben große chinesische Minderheiten, die traditionell die lokalen Volkswirtschaften dominieren; Jahr für Jahr festigen sie die wirtschaftliche Bande mit dem

Mutterland. Immer mehr Güter aus China überschwemmen die Nachbarstaaten: Klimaanlagen, Kühlschränke, Handys, Computer. Mit manchen Ländern verdoppelt sich der chinesische Handel fast jährlich.

Der rasche Aufstieg Chinas hat das asiatische Koordinatensystem verändert. Noch vor wenigen Jahren schauten die Länder nach Tokio oder Singapur, wenn sie regionale Orientierung suchten, heute blicken sie fast ausnahmslos nach Peking. Einstmals unangefochtene Wirtschaftsriesen wie Japan oder Taiwan würden ohne ihre Produktionsstätten und Absätzmärkte in China in ökonomische Starre verfallen; ihr Exportzuwachs seit 2003 stützt sich zu 70 bzw. 90 Prozent auf die Ausfuhr nach China. Die «Tigerstaaten» Südostasiens – noch Mitte der neunziger Jahre der Volksrepublik wirtschaftlich voraus – mussten sich viel früher als erwartet anpassen; die beträchtliche Umverteilung ausländischer Direktinvestitionen in Richtung Volksrepublik hat ihnen die eigene Verwundbarkeit vor Augen geführt. Selbst Indien, das sich traditionell auf Augenhöhe mit China wähnt, sah sich gezwungen, auf den Boom des Nachbarn zu reagieren, und beschleunigte die Liberalisierungen, um nicht vollends den Anschluss zu verlieren.

Die Übermacht der Volksrepublik wird durchaus als erdrückend erlebt. Peking und Shanghai setzen mehr und mehr die Maßstäbe, nach denen sich der Rest des Kontinents zu richten hat. Für die Asiaten stellen sich heute die Fragen, die bald auch Amerikaner und Europäer beantworten müssen: Wie kann man am chinesischen Aufstieg teilhaben, ohne von ihm verschlungen zu werden? Wie lässt sich der chinesischen Dominanz Einhalt gebieten, ohne das Reich der Mitte gegen sich aufzubringen?

Die Führung in Peking ist sich des Argwohns bewusst. Seit

Jahren bemüht sie sich, das allgemeine Misstrauen zu besänftigen, und übt sich in einem scheinbar kooperativen Stil. Sie ist offen für wirtschaftliche Integration, in politischen Streitfragen präsentiert sie sich als «ehrlicher Makler», ob im Umgang mit Nordkorea, im Regionalkonflikt um die Spratly-Inseln oder auch im Weltsicherheitsrat der Vereinten Nationen. Nur das Säbelrasseln gegenüber Taiwan erinnert zuweilen daran, dass China ein Land mit Machtanspruch ist.

«Reich der Mitte» wurde nicht zufällig zum Synonym. China ist von mehr Nachbarn umgeben als jeder andere Staat der Welt – es sind fünfzehn. Und China ist das einzige Land Asiens mit imperialer Tradition. Japan dehnte seinen Herrschaftsbereich zwischenzeitlich weit über die eigenen Küsten aus; aber geschichtlich betrachtet war dies eine Episode, und nie dominierte die Insel ganz Asien. China hingegen beherrschte den nordöstlichen Kontinent über viele Jahrhunderte hinweg und weitete sein Tributsystem auf dem Höhepunkt seiner Macht – in der ersten Hälfte des 15. Jahrhunderts – über die malaiische Inselwelt und den Indischen Ozean bis an die Küste Afrikas aus. Nicht einmal den Großreichen des Subkontinents, weder den Mauryas noch den Moguln, gelang es, ihre Einflusszone derart weit zu spannen.

Schon zur Zeit der europäischen Antike hatte China ein Gemeinwesen entwickelt, das den urbanen Zivilisationen in der Ägäis und an der Adria nicht nachstand. Lange vor der modernen Zeitrechnung hatten die Chinesen den Magnetkompass erfunden und eine auf Papierverwendung basierende Schreibkultur etabliert. Die Jahrhunderte, in denen der Westen im Mittelalter stagnierte, gerieten den Chinesen zur Blütephase. Während der Tang-Dynastie – 700 Jahre vor Gutenberg – wurde der Buchdruck entwickelt, wenig später das Schießpulver. Die Standards in der Agrarwirtschaft, der öffentlichen Verwaltung und in der Militärtechnologie waren weltweit ohne Beispiel. Die Kriegsschiffe der Europäer erreichten erst im 18. Jahrhundert jenen Stand, auf dem die Chinesen ihre Flotte Mitte des 15. Jahrhunderts einzumotten begannen.

Der Weg in die Bedeutungslosigkeit verlief lange Zeit unbemerkt. In den Jahrhunderten der Ming-Dynastie bis zum Ende der Qianlong-Ära, in denen sich China nicht abschottete, sondern weiterhin am Welthandel teilhatte, erlebte das Land Phasen höchster kultureller und zivilisatorischer Entfaltung. Von Korea über Indochina bis hin nach Nepal und Afghanistan erstreckte sich die chinesische Einflusszone. Die Landungen der Europäer an den Grenzen ihres Machtbereichs kündigten mit Beginn des 16. Jahrhunderts an, dass sich auf der anderen Seite des eurasischen Kontinents neue Kräfte entfesselten, die das Reich langfristig in die Defensive treiben könnten, aber China schaute nach innen – dies umso mehr, als sich im späten 18. Jahrhundert eine Wirtschaftskrise abzeichnete.

Mit der Entscheidung, die Hochseeschifffahrt einzustellen, begann der langsame Abstieg der traditionsreichen Großmacht. Letztlich wurzelte der erstaunliche Entschluss, freiwillig auf Macht zu verzichten, in einer überbordenden Selbstsicherheit, die in mancherlei Hinsicht an den Hochmut des modernen Europa erinnert. So stark war der Glaube an die naturgegebene Überlegenheit, dass die chinesischen Herrscher meinten, der Stabilisierung der gesellschaftlichen Verhältnisse den Vorrang vor der außenpolitischen Machtabsicherung geben zu können. Die imperiale Politik hatte das Reich offen und durchlässig für Einflüsse aus aller Welt gemacht, sie drohte die Gesellschaft aus ihrer angestammten Harmonie zu kippen: Die traditionellen konfuzianischen Eliten sahen ihren Einfluss zugunsten der neureichen Kaufleute und Abenteurer schwinden. Eine Rückbesinnnung auf die historischen «Stärken» setzte ein, die man in der Abwendung von der Welt glaubte schützen zu können. So wie heute viele Kontinentaleuropäer am Modell des «Rheinischen Kapitalismus» festhalten, so beharrten die Chinesen auf ihrer agrarischen Tradition und auf der Gewissheit, sich selber genug zu sein. Statt die frühe Globalisierung mitsamt den Zumutungen an die eigene Gesellschaft voranzutreiben, begannen sie, ihre Mauer zu befestigen.

Wie sehr China mit sich beschäftigt und wie blind es gegenüber der wirtschaftlichen, aber auch kriegerischen Dynamik im Westen war, zeigte sich während des Besuchs eines britischen Gesandten im Jahr 1793. Lord Macartney, Sonderbotschafter des britischen Königs George III., wollte den bilateralen Handel ausbauen und bat den chinesischen Kaiser um offizielle diplomatische Beziehungen sowie den Abschluss eines Handelsvertrages. Der Antwortbrief, den der Kaiser dem Gesandten nach London mitgab, begann mit den Worten: «Wir, Kaiser durch die Gnade des Himmels, instruieren den König von England, unsere Anweisung zur Kenntnis zu nehmen.» Es folgte die brüske Ablehnung der Bitte um Gesandtenaustausch, während die Idee eines Handelsvertrages mit einer fast schon sarkastischen Redewendung verworfen wurde. «Wir haben niemals technische Spielereien geschätzt», hieß es, «und haben nicht den geringsten Bedarf an den Manufakturwaren Deines Landes.» Das Dokument, das Konrad Seitz in seinem Buch *China* übersetzte, endete mit der Aufforderung: «Du, König, solltest einfach in Übereinstimmung mit unseren Wünschen handeln, Deine Loyalität stärken und ewigen Gehorsam schwören, um so sicherzustellen, dass Dein Land an den Segnungen des Friedens teilhat.» Nicht einmal ein halbes Jahrhundert später wurden die satten, aber schwachen Chinesen von britischen Kanonenbooten gezwungen, sich dem Handel mit Europa zu öffnen.

Mit dem Opiumkrieg von 1839 bis 1842 begann der sichtbare Verfall des Reiches. Im Vertrag von Nanjing, der der chinesischen Kapitulation folgte, musste das Land strategisch bedeutende Gebiete an Großbritannien abtreten und westlichen Diplomaten und Kaufleuten Zutritt gewähren. Von da an ging es steil bergab, China schrumpfte und wurde gleichzeitig zerlöchert. Vom Norden her kamen die Russen, im Osten fraßen sich die Japaner heran, im Süden entrissen die Briten den Chinesen Burma und die Franzosen Indochina. Die wichtigsten chinesischen Hafenstädte standen nun unter Fremdkontrolle; die chinesische Bürokratie konnte nicht einmal mehr Zölle im eigenen Land erheben.

Das Ende der Souveränität begann mit der Niederschlagung des Boxeraufstandes von 1900. Zwar sah die siegreiche internationale Interventionstruppe, die den Deutschen zu einem ersten martialischen Auftritt in Asien verhalf, davon ab, China in klassische Kolonialgebiete zu zerlegen, aber das vereinbarte «Prinzip der offenen Tür» war nicht minder demütigend. China glitt für fünfzig Jahre ins Chaos ab und erlebte einen Albtraum, in dem sich Warlords und Ideologen, fremde Mächte und rivalisierende Freiheitsbewegungen die blutigen Hände reichten. Als sich 1949 Mao Tse-tung als neuer Herrscher aus dem Schlachtennebel erhob, fand er ein zermürbtes Volk vor, das sein Selbstbewusstsein und die Orientierung verloren hatte.

Rechnet man die Wirkungszeit Maos mit ein, ist China – eine 2000 Jahre alte konfuzianische Kaiserkultur – binnen eines Dreivierteljahrhunderts mental komplett entkernt worden. Ohne diese einzigartige historische Erfahrung ist das Spezifische des chinesischen Wiederaufstieges kaum zu begreifen. Das oft zitierte Anknüpfen an den traditionsreichen chinesischen Geschäftssinn erklärt die Aufholerfolge der vergangenen Jahre nur zum Teil. China entwickelt sich so rasant, weil die aktiven Generationen ihre kulturell-historischen Fesseln verloren haben. Seit den achtziger Jahren befindet sich die Gesellschaft in einer nicht enden wollenden «Stunde null», in der alles, was neu ist, ohne Rücksichten ausprobiert wird.

Ausgenommen von diesem Menschheitsexperiment ist – einstweilen – nur die sakrosankte Machtstellung des Parteiapparates. Die kommunistischen Kader haben das «Leopard»-Diktum dahin gehend variiert, dass sich Wirtschaft und Gesellschaft permanent verändern müssen, damit das politische System so bleiben kann, wie es ist. Die von ihnen entfesselte Dynamik erneuert ihren autoritären Führungsanspruch gewissermaßen täglich aufs Neue, weil die ökonomische Dauerrotation Fliehkräfte ausbildet, die scheinbar nur noch von einer straff organisierten zentralistischen Regierung eingehegt werden können.

Der chinesische Identitätsfindungsprozess wird oft als bloße Rückkehr zum imperialen Selbstverständnis beschrieben. Dafür spricht, dass die «Opfer-Mentalität» (shoihaizhe xintai), die noch von Jiang Zemin bei den Feierlichkeiten zum achtzigjährigen Bestehen der Kommunistischen Partei im Jahr 2001 beschworen wurde, nicht mehr en vogue ist. Statt an 150 Jahre Schande und Erniedrigung zu erinnern, sonnt sich das Land heute offiziell in einer «Großmacht-Mentalität» (daguo xintai). Aber das Reich, das die Chinesen im Begriff sind wiederzuerrichten, hat mit den versunkenen Dynastien wenig gemein. Es ist materialistisch-atheistisch und kaum noch konfuzianisch, die Gesellschaft strebt heute nach individueller Entfaltung und nicht nach sozialer Harmonie, sie sucht nach neuen Ufern und klammert sich nicht mehr an alten fest. Das moderne China ist – zugespitzt – mehr westlich als östlich. In Wahrheit erschafft es sich aber sui generis.

Die neue Zeitrechnung begann in den siebziger Jahren. Mao, der China auf schauerliche Weise stabilisiert hatte, folgte einer letzten Eingebung, als er das Land 1972 aus der Isolation führte und den amerikanischen Präsidenten Nixon in Peking empfing. Mit dem Besuch begann sich China langsam in die internationale Politik zu reintegrieren, zunächst als schwieriger strategischer Partner der Vereinigten Staaten gegen die Sowjetunion. Die wirtschaftliche Öffnung, die von Maos Nachfolger Deng Xiaoping eingeleitet wurde, setzte am Ende des Jahrzehnts den Startschuss für die Wiedereingliederung in die Weltwirtschaft. Bis das Wort von der (sozialistischen) «Marktwirtschaft» salonfähig wurde, sollte zwar noch mehr als eine Dekade vergehen, aber die achtziger Jahre bereiteten den revolutionären Paradigmenwechsel vor. Nicht mehr von Klassenkampf und Egalitarismus war die Rede, sondern von Wachstum – in seiner durchaus archaischen Variante. «Lasst einige schneller reich werden, damit sie dann den anderen helfen», hieß Dengs schlichte Aufforderung, die mit den Jahren kaum an Wirksamkeit einbüßte.

Ins breitere westliche Bewusstsein drang Chinas Aufstieg erst in der zweiten Hälfte der neunziger Jahre. Die «Asienkrise» in den hoch gelobten Tigerstaaten und die andauernde Stagnation in Japan lenkten die Aufmerksamkeit auf die Volksrepublik. China blieb von der Krise nicht nur unberührt – ein wesentlicher Grund war die Nichtanbindung an die internationalen Kapitalmärkte –, es half mit einer maßvollen Währungspolitik die einsetzenden Wirtschaftsreformen Südostasiens zu stabilisieren. Erstmals ragte China als potenter und als verlässlicher Akteur heraus. Die reichen Länder Asiens und der Westen belohnten den Auftritt mit einer wahren Investitionsoffensive. Schon seit 1993 hatte China nach Amerika die höchsten Direktinvestitionen angezogen, aber am Anfang des 21. Jahrhunderts setzte es sich mit zwischenzeitlich 50 Milliarden US-Dollar jährlichem Fremdkapital an die Spitze. In Asien ist China mittlerweile zum größten Exporteur und Importeur geworden. Japan hat nur noch in zwei wichtigen Disziplinen die Nase vorn: Es besitzt das größere Bruttosozialprodukt, und es hält mehr Devisenreserven. Aber auch hier schrumpft der Abstand zusehends.

Kaum jemand auf dem Kontinent zweifelt daran, dass China im kommenden Jahrzehnt die unangefochtene Wirtschaftsvormacht Asiens sein wird. Sie wird sich dann nur noch mit den Vereinigten Staaten messen – und mit der Papiergröße «Europäische Union». Weil diese Entwicklung das politische Gewicht Chinas naturgemäß erhöht – und Peking überdies einiges in seine diplomatischen und militärischen Kapazitäten investiert –, gehen viele Asiaten davon aus, dass es die internationale Gemeinschaft in nicht allzu ferner Zukunft mit einer zweiten Weltmacht zu tun haben wird.

Im Westen wird die Zwangsläufigkeit dieses Prozesses oft bestritten – teils mit bedenkenswerten Einwänden, oft aber auch aus spezifischen Interessen heraus oder aus schlichter Gedankenfaulheit. Die gängige Chinaskepsis steht auf zwei Beinen. Auf dem ersten wird die absolute wirtschaftliche, politische und militärische Stärke Chinas bestritten, auf dem zweiten deren Dauerhaftigkeit. Seit Gerald Segals Aufsatz «Does China Matter?» versuchen Wissenschaftler, aber auch interessierte Unternehmer und Politiker, die beeindruckenden Wachstumszahlen immer wieder zu relativieren. Den Export- und Importsteigerungen wird entgegengehalten, dass viele Güter nur als Zulieferteile ins Land kämen, um schon bald darauf als fertiges Produkt wieder ausgeführt zu werden.

Auch direkte Vergleiche mit Amerika, Japan und Deutschland lassen China in manchen Disziplinen noch immer schwach aussehen.

Gleiches gilt für die Rüstungsausgaben und den technologischen Standard des Militärs. Tatsächlich liegt der offizielle Verteidigungsetat in Peking mit knapp 20 Milliarden Euro sogar unter dem deutschen. Aber gerne übersehen die Skeptiker, dass das wahre Budget nach Ansicht von Fachleuten mindestens viermal so hoch ist und überdies mit fast 13 Prozent jährlich überproportional wächst. Obwohl niemand weiß, was genau sich in den Waffenarsenalen der Volksbefreiungsarmee verbirgt, schreiben außenpolitische Kommentatoren wie der Brite Jonathan Power, dass Amerikas Sorge vor der chinesischen Aufrüstung «mehr mit Paranoia als mit Verstand» zu tun habe.

Zur mächtigsten Waffe haben die Chinakritiker ihre «Kollapstheorie» geschmiedet. Weil sich eine kapitalistisch entfesselte Volkswirtschaft auf Dauer nicht diktatorisch führen lasse, drohe über kurz oder lang der Zusammenbruch, lautet ihr Argument. Als ökonomische Quelle des Niedergangs wird der undurchsichtige staatliche Bankensektor angeführt, der tatsächlich unter faulen Krediten beträchtlicher Größenordnung leidet. Als größtes politisches Risiko gelten die wachsenden sozialen Spannungen zwischen den Neureichen und den armen Bauern und Wanderarbeitern. Unterschlagen wird von Kritikern meistens, dass sich Peking der inneren Widersprüche durchaus gewahr ist und nach Kräften gegenzusteuern versucht. Reformen in der Finanzbranche und systematische ländliche Entwicklungsprogramme sind dafür Beispiele, ebenso die künstliche Drosselung des Wirtschaftswachstums, um den grassierenden Überhitzungsprozessen entgegenzuwirken.

Noch immer spielt China seine Politik enger an der Brust

als andere Länder. Aber das Bemühen, Misstrauen durch mehr Öffentlichkeit abzubauen, ist unübersehbar. Lange Jahre waren Pekings außenpolitische Interessen und Ambitionen undurchsichtig. Mao verwaltete sie wie ein Pate, Deng diskutierte sie in etwas weiteren Zirkeln, unter Jiang Zemin begannen Anflüge öffentlicher Diskussion. Noch Mitte der neunziger Jahre produzierte die Regierung nur dürre Mitteilungen, chinesische Gesandte wirkten wie graugesichtige Geheimdienstmitarbeiter. Inzwischen zählen die Diplomaten aus Peking zu den gewandtesten Vertretern ihres Berufsstandes. Mehrsprachig, welterfahren und nicht selten überheblich, repräsentieren sie die Haltung ihrer Regierung auf entschieden professionelle Weise. Die Regierung nutzt inzwischen das Internet, um ihre Außenpolitik zugänglich zu machen. Auf den öffentlichen Homepages finden sich die Weißbücher der Regierung und Erklärungen zu verschiedensten Aspekten regionaler und internationaler Affären.

China gewährt – manche sagen: simuliert – ein gewisses Maß an Transparenz. 1999 eröffnete das Außenministerium ein internationales Medienzentrum, in dem regelmäßig Pressekonferenzen abgehalten werden. Statt Kommuniqués vorzutragen, lassen sich die Sprecher inzwischen auf konfrontative Fragen ein, die nicht selten deutlich beantwortet werden. Die Führung selbst hat das Reisen entdeckt. Während Mao in seiner Amtszeit ganze zwei Auslandsreisen unternahm und Deng diese Tradition im Wesentlichen fortführte, sind der chinesische Präsident und der Premierminister seit einigen Jahren auf dem Globus fast omnipräsent.

Chinesische Außenpolitik ist keine Geheimwissenschaft mehr. In Fernseh-Talkshows, Kommentaren und Büchern stellen unabhängige Fachleute mittlerweile ihre Thesen vor und bemühen sich, Einfluss auf den Kurs in Peking zu gewinnen. Zeitungen wie *Huanqiu Shibao* oder *Nanfang Zhoumo* veröffentlichen sogar Meinungsbeiträge, die der offiziellen Parteilinie zuwiderlaufen. Gleichwohl gilt, was die beiden Chinafachleute Evan Medoiros und Taylor Fravel unter dem Titel «Chinas neue Diplomatie» im Fachblatt *Foreign Affairs* festgehalten haben: «Das heutige China ist sicherlich schlauer und gewiefter – aber nicht unbedingt netter oder sanfter.»

Der Wachstumskurs, den China verfolgt, ist aggressiv. Geschäftsleute mit Chinaerfahrung berichten verstärkt von erpresserischen Methoden. Mit Riesenaufträgen steigern die Chinesen die internen Gewinnerwartungen internationaler Großunternehmen bis zu der Schwelle, an der Folgeaufträge zur Überlebensfrage werden. In diesen Phasen erhöhen sie den Einsatz ins Schmerzhafte: Den Zuschlag bekommt nur noch, wer zu hundertprozentigem Technologietransfer bereit ist. Chinesische Industriespione, die sich in westlichen Firmen verdingen, stellen sicher, dass nur die neuesten Blaupausen gehandelt werden. Das Kopieren, das in den achtziger Jahren mit Billigspielzeug begonnen hat, erstreckt sich inzwischen auf hochkomplexe Maschinen, auf Fahrzeuge und Kraftwerke. Nicht selten finden die Plagiate den Weg «zurück» auf den Weltmarkt, wo sie mit den – wesentlich teureren, aber unwesentlich besseren – Originalen konkurrieren. 360 000 Ingenieure, die an teilweise erstklassigen Universitäten Chinas ausgebildet wurden, steigen jedes Jahr in den chinesischen Arbeitsmarkt ein, rechnete der Siemens-Aufsichtsrat Heinrich von Pierer unlängst vor. Hinzu kommen viele Tausende, die Jahr für Jahr aus dem Ausland zurückkehren. Gemeinsam entwickeln sie die erworbene, erpresste oder entwendete Technologie aus dem Westen weiter.

Das exzessive Wachstum verlangt nach Absicherung. Wollte man Chinas Außenpolitik auf eine Formel bringen, hieße sie:

«Ausdehnen ohne Wehtun». Keine Gelegenheit lässt die Führung in Peking aus, den «friedlichen Aufstieg» des Landes zu betonen. Im Vertrauen darauf, dass die wirtschaftliche Entfesslung in der größten Nation der Welt ihr internationales Gewicht naturgesetzlich erhöht, verkneifen sich die Chinesen unnötige Machtdemonstrationen. Von Taiwan abgesehen, das Peking gewissermaßen als «innere Angelegenheit» begreift, bedroht China kein Land direkt.

Beharrlich nutzte Peking die Jahre seit Ende des Kalten Krieges, um die regionale Stimmung zu seinen Gunsten zu wenden. Mit Moskau, das seit dem ideologischen Zerwürfnis zwischen Mao und Chruschtschow einer «No-go-area» glich, etablierte Peking eine solide Arbeitsbeziehung. Die Perspektiven und Interessen der beiden Großmächte ergänzen sich. Beide glauben an die Herausbildung einer «multipolaren Weltordnung», in der Peking und Moskau zwei Pole markieren, und stehen daher der amerikanischen Machtausdehnung skeptisch gegenüber. Zugleich profitieren beide von den Stärken des anderen. Russland hat – als ehemalige Weltmacht – jene Rüstungsgüter anzubieten, die den Chinesen aus den Vereinigten Staaten und Europa vorenthalten werden, und es ist reich an Gas und Öl. China wiederum kann die vergleichsweise zurückgebliebene russische Volkswirtschaft mit preiswerten Konsumgütern, von der Billiguhr bis zum Notebook, versorgen. Peking und Moskau, die sich jährlich auf Gipfelebene treffen, haben in den vergangenen Jahren ihre Grenzstreitigkeiten weitgehend beigelegt, unterzeichneten einen Nichtangriffspakt und arbeiten in den internationalen Gremien – vom Sicherheitsrat bis hin zur APEC – zumeist reibungsfrei zusammen.

Um nicht den Argwohn Russlands zu erregen, binden die Chinesen Moskau in ihre Charmeoffensive gegenüber Zentralasien ein. Die rohstoffreichen Länder, die bis 1991 zur Sowjetunion gehörten, werden von chinesischen Politikern und Geschäftsleuten systematisch bereist. Die Shanghai Cooperation Organisation (SCO), die Mitte der neunziger Jahre (damals unter anderem Namen) auf Drängen Pekings gegründet wurde, umfasst heute neben China und Russland Kasachstan, Tadschikistan und Kirgistan. Der Gründungsimpuls – die gemeinsame Bekämpfung des Terrorismus – ist längst von Projekten der wirtschaftlichen Zusammenarbeit überlagert. Insbesondere China engagiert sich für den Ausbau der regionalen Infrastruktur und für die verkehrstechnische Anbindung an den unterentwickelten Westen der Volksrepublik. Die wachsende Attraktivität des in Europa kaum bekannten Regionalbündnisses belegt der Wunsch vieler Länder, der Gruppe beizutreten, unter ihnen Turkmenistan, Iran und Indien.

Auch im Südwesten sammelt Peking Freunde. Mit Pakistan verbindet China seit über fünfzig Jahren eine Partnerschaft, die Premierminister Wen Jiabao vor seiner jüngsten Reise nach Islamabad als «wetterfest» apostrophierte. Im Kalten Krieg, der Indien und die Sowjetunion zusammenrücken ließ, stand China stets an Seiten Pakistans. Die wirtschaftlichen, auch die militärischen Beziehungen der beiden Nuklearmächte sind eng. Sie produzieren nicht nur gemeinsam Kampfflugzeuge, China beteiligt sich auch an pakistanischen Atomkraftwerken und am Ausbau des Gwadar-Hafens. Das Ziel ist, den Ölhandel mit Zentralasien verstärkt über Pakistan abzuwickeln, um die Abhängigkeit von den traditionell amerikanisch dominierten Häfen am Persischen Golf zu verringern. Den Nebeneffekt – Pakistans Marine in der Rivalität mit Indien zu stärken und so Energien des größten Nachbarn und Konkurrenten zu binden – nimmt Peking dabei gern in Kauf.

Pakistan hat an strategischer Bedeutung noch gewonnen, seit sich die Chinesen Iran, Islamabads großen westlichen

Nachbarn, als Energielieferanten ausgeguckt haben. Im Jahr 2004 schlossen Peking und Teheran einen Vertrag über Gaslieferungen in einer Höhe von 100 Milliarden US-Dollar ab. Ein ähnlich voluminöses Abkommen über Rohöllieferungen wird noch verhandelt. Anders als Saudi-Arabien, wo der chinesische Staatskonzern Sinopec ebenfalls Explorationsrechte erworben hat, ist Iran ein Land, das die Amerikaner meiden – seines Atomprogrammes wegen isolieren und möglicherweise mit härteren Maßnahmen zur Räson bringen wollen. Die Interessen, die China inzwischen im iranischen Spiel hat, sind dabei nicht zu unterschätzen. Sie stärken die Position Teherans und könnten einen weiteren amerikanisch-chinesischen Konflikt begründen.

Die vielleicht folgenreichste Annäherung hat China mit Indien begonnen, dem großen Nachbarn im Süden. Seit Jahren arbeiten Fachkommissionen beider Länder daran, die territorialen Streitigkeiten an den sü[illegible]en und westlichen Rändern des Himalaya beizule[illegible]konflikte, die noch 1962 einen Krieg auslöste[illegible]haben nicht [illegible]olitische Verhältnis der zwei Giganten überschattet; sie s[illegible]nehmend auch den wirtschaftlichen Interessen beider Lä[illegible] Wege. China möchte seinem Südwesten, hauptsächlich Ti[illegible]wieder den traditionellen Weg ans Meer öffnen: zum Hafe[illegible] Kalkutta. Andererseits verspricht sich Indien von einem d[illegible]ten Landzugang zu China anschwellende Handelsströme. D[illegible] Grenzregion bietet sich überdies für große Wasserkraftprojekt[illegible] an, die aber ein stabiles politisches Umfeld voraussetzen.

Nach Vajpayees Chinavisite im Juni 2003 nahmen nicht nur die Grenzverhandlungen Fahrt auf, beide Armeen begannen zudem mit gemeinsamen Manövern. Während des Indienbesuchs Wen Jiabaos im April 2005 beschlossen beide Seiten, die Streitigkeiten möglichst rasch beizulegen. Von einer «Brücke der Freundschaft» war die Rede. Unter «Brüdern» beschworen Wen und Singh das «asiatische Jahrhundert», das recht eigentlich als chinesisch-indisches verstanden wird. Eine gemeinsame Kommission soll die Möglichkeiten einer bilateralen Freihandelszone ausloten, der größten der Welt. Parallel bemühte sich Wen, seinem Gast – so gut es die Rücksichten auf Pakistan zuließen – zu signalisieren, dass China einem ständigen Sitz Indiens im Weltsicherheitsrat nicht im Weg stehen werde.

Die Phantasien, die das Zusammenrücken der beiden bevölkerungsreichsten Länder beflügeln, sind ungebremst. In nur fünf Jahren hat sich das Handelsvolumen verzehnfacht – von 2 Milliarden auf heute 20 Milliarden US-Dollar. Das sind fast dreimal so viele Waren und Dienstleistungen, wie Indien mit dem «Exportweltmeister Deutschland» austauscht. Im Mittelpunkt sehen die Wirtschaftsexperten die Zukunftsbranche der Informationstechnologie. China ist inzwischen der größte Hersteller von Computer-Hardware, während Indien sich anschickt, der maßgebliche Software-Produzent zu werden. Synergien in diesem rasant wachsenden Feld werden Indien und China nach Auffassung führender Wirtschaftswissenschaftler in den kommenden Jahren in die Lage versetzen, gemeinsam mit Amerika den Weltmarkt zu beherrschen – zulasten der Europäer und Japaner.

Vorbild der Zusammenarbeit mit Indien ist das Modell, das die Chinesen in den vergangenen Jahren mit ihren südostasiatischen Nachbarn entwickelt haben: die langsame Integration eines gemeinsamen Marktes. Nach langem Antichambrieren ist es Peking gelungen, die regelmäßigen Treffen mit der Vereinigung südostasiatischer Staaten, Asean, zu einem «Ostasiatischen Wirtschaftsgipfel» auszubauen, der nach Meinung der meisten Fachleute nicht mehr von der Asean, sondern von China dominiert sein dürfte. Der bereits begonnenen Entwicklung einer Freihandelszone ist wie im Falle Indiens der chinesische Wille vorausgegangen, zunächst die politischen Hindernisse abzubauen. Insbesondere die Spratley-Inseln waren über Jahre ein Zankapfel zwischen China und einigen Staaten Südostasiens. Nicht nur Peking, auch Hanoi, Kuala Lumpur, Manila und Brunei erheben Anspruch auf den kleinen, aber rohstoffreichen Archipel im Südchinesischen Meer. Immer wieder kam es zu maritimen Scharmützeln in der Region. Inzwischen hat sich China der Position der Asean angeschlossen, dass eine Einigung nur auf dem Verhandlungsweg gefunden werden kann.

Chinas Politik, einen «Ring der Freundschaft» um sich zu legen, ist etwas Robustes zu Eigen. Bedenken, sich mit Parias einzulassen, treiben Peking nicht um. Das strategisch wichtig gelegene Burma, das Europa und Amerika seit Jahren mit Sanktionen auf Demokratiekurs zu zwingen versuchen, wird von China unterstützt – manche meinen sogar: am Leben erhalten. Auch mit dem nepalesischen König Gyanendra, der sich im Februar 2005 in Kathmandu an die Macht geputscht hat und seither vom Westen geschnitten wird, hat Peking keine Berührungsängste. Als erster wichtiger Staatsgast nach dem Coup erwies der chinesische Außenminister dem Monarchen die Ehre.

Das einzige Land, mit dem ernsthafte Spannungen fortbestehen, ist Japan; zu sehr schmerzen die historischen Erinnerungen. Seit es sich der japanische Ministerpräsident Koizumi zur Angewohnheit gemacht hat, einmal im Jahr den Yasukuni-Schrein zu besuchen, ist er nicht mehr nach Peking eingeladen worden. In China (wie in Korea) wird immer wieder darauf hingewiesen, dass sich unter den zweieinhalb Millionen japanischen Weltkriegsgefallenen, deren an der Stätte gedacht wird, auch verurteilte Kriegsverbrecher befinden; Yasukuni ist gewissermaßen das japanische Bitburg. Auch die – im Vergleich zu deutschen Lehrmitteln – wenig schuldbewussten japanischen Schulbücher erregen stets aufs Neue die Empörung Chinas. Mit einem gewissen Recht weist Peking darauf hin, dass es sich bei den Massakern in Nanjing nicht um «Zwischenfälle» handelte und dass der Ermordung von 300 000 Zivilisten nicht angemessen Rechnung getragen wird, wenn japanische Schüler lernen, dass es im Jahr 1937 «viele Tote» gegeben habe.

Die Verkrampfungen auf staatlicher Ebene reflektieren das Empfinden in der Bevölkerung. Fußballspiele zwischen Japan und China sind politisch aufgeladener als die berühmten Schlachten zwischen Deutschland und England. Als sich die beiden Länder im August 2004 im Finale des Asien-Cups gegenüberstanden, kam es zu hässlichen Szenen. Die chinesischen Fans quittierten jeden Ballbesitz der Japaner mit höhnischen Sprechchören und verbrannten die Flaggen der Gäste. Nach dem Sieg der Japaner mussten die angereisten Fans unter Polizeischutz aus dem «Arbeiter-Stadion» gefahren werden. Gewalttätiger eskalierte der Schulbuchstreit im April 2005. Die Straßenproteste mit Ausschreitungen gegen die japanische Botschaft in Peking wurden selbst von Chinakritikern als spontan und nicht staatsgesteuert gewertet. Eingeschritten ist die Führung in Peking jedoch auch nicht. Premierminister Wen reizte die Japaner eher noch ein Stückchen mehr, als er kundtat, dass ein Land, das sich seiner Geschichte nicht stelle, es nicht verdiene, mehr Verantwortung in der internationalen Gemeinschaft zu übernehmen. Damit hatte das diplomatisch ansonsten zurückhaltende China ausgesprochen, was ohnehin bekannt war: seine Antipathie gegen das japanische Trachten nach einem ständigen Sitz im Weltsicherheitsrat.

Die «tiefe Reue» gegenüber der Kriegsgeschichte, die der

japanische Premierminister Koizumi kurz nach den Ausschreitungen auf einer internationalen Konferenz in Jakarta bekundete, half nur wenig. Mit seiner kühlen Reaktion zeigte China, dass es nicht vorhat, sich den historisch-moralischen Vorsprung einfach nehmen zu lassen, der sich allzu gut eignet, Japans Ansehen in der Region zu unterminieren. Weil eine umfassende Isolation Japans Peking teuer zu stehen käme – allein der gemeinsame Handel liegt mittlerweile bei über 160 Milliarden US-Dollar –, drückt Peking lieber mit kühler, manchmal heißer Distanz sein Unbehagen aus, das jenseits aller historischer Animositäten auch wesentlich machtpolitischer Natur ist. China schmerzt es nach wie vor, dass Japan jenes Land zum engsten Verbündeten erkoren hat, dessen Rolle als asiatische Ordnungsmacht die Kader in Peking «historisch überholt» nennen: Amerika.

AMERIKA · Hegemon unter Druck

Café au Lait, würde man denken, ist so europäisch wie die Pizza. Die Asiaten denken bei Kaffee und Teigspeisen an Starbucks und Pizza Hut. Was in Asien nicht asiatisch ist, ist amerikanisch. Selbst Kurzbesuchern erschließt sich dies auf den ersten Blick. Die Hauptstädte der Region, von Jakarta im Süden bis Seoul im Norden, eifern schon städtebaulich dem Beispiel amerikanischer Metropolen nach. Die Hochhausästhetik, die autogerechte Gestaltung der Verkehrsräume, die Mall-Kultur, die omnipräsenten Fastfood-Ketten – all dies erinnert in irritierender Weise an die urbane Zivilisation auf der anderen Seite des Erdballs.

Der American Way of Life endet nicht an den Grenzen der neuen Stadtzentren. Er verlängert sich bis tief in die Wohnsiedlungen und in den Alltag der Asiaten hinein. Unter der Oberfläche regionaler Traditionen haben sich in den Mittelschichten amerikanisches Leben und Denken breit gemacht. Der neue «asiatische Traum» kreist um das Streben nach einem eigenen Haus und einem eigenen Auto, um gesellschaftliche Anerkennung, die überwiegend auf dem materiell Erreichten gründet. Individuelle Freiheit wird weitgehend mit finanzieller Unabhängigkeit gleichgesetzt. Unter manchen jungen städtischen Asiaten ist auch der immaterielle Teil der Freiheitsidee populär geworden. Nicht nur in den etablierten Metropolen wie Tokio und Seoul, auch in Bangkok, Jakarta oder Schanghai haben sich gegenkulturelle Szenen entwickelt, die bewusst und willentlich gegen die herrschenden Normen aufbegehren, seien sie nun traditionell «asiatisch» oder eben amerikanisch.

So unbeliebt Amerika unter Bush geworden sein mag – die Maßstäbe setzt es noch immer. In den traditionell autoritären Gesellschaften Asiens werden Stärke und Macht allemal gewürdigt. Anders als die Europäer bewundern die Asiaten ihren reichen Nachbarn in der Regel selbst dann, wenn der sein Emporkommen mit fragwürdigen Geschäften erreicht hat. Mit einer derartigen, nicht unbedingt sympathiegeladenen Anerkennung blicken die Asiaten auch über den Pazifik. Die Vereinigten Staaten haben geschafft, was sie, die Asiaten, erstreben: den Aufstieg von ganz unten nach ganz oben, vom Underdog zum Boss. Entsprechend ausgebucht sind in Asien Englischkurse und Englischlehrer. Der Traum aller ehrgeizigen Eltern – von Singapur bis Pakistan – ist ein amerikanischer Studienplatz für den Sohn oder die Tochter. Wer dann auch noch ein paar Jahre in einem amerikanischen Unternehmen gearbeitet hat, muss sich um sein Fortkommen in der Heimat keine Sorgen mehr machen.

Gefördert wurde die kulturelle Dominanz Amerikas durch das Fernsehen. Spielfilme und Serien aus Amerika gewöhnten die Asiaten beinahe subkutan an andere Umgangsformen, Perspektiven und Lebenskonzepte – und nebenher an die englische Sprache. Die zahlreichen TV-Stationen, die in den vergangenen Jahren in Asien entstanden sind, haben die Originale oft kopiert. Viele Länder besitzen nicht nur Vollprogramme, sondern eigene Musiksender (die überwiegend amerikanische

Musikvideos ausstrahlen) und eigene Nachrichtenkanäle, die meistens CNN nachempfunden sind. Der Boom des World Wide Web beschleunigte die Amerikanisierung weiter. Wenn junge Asiaten heute eine Weihnachtsmail verfassen, schreiben sie: «Merry Xmas n'all the best 4 U.»

Vieles läuft für die Vereinigten Staaten von alleine. Ihre beherrschende Position in der Weltpolitik und der globalen Wirtschaft zwingt die asiatischen Eliten, sich auch mit der amerikanischen Kultur auseinander zu setzen. Anders als die Europäer, die die Asiaten mühsam in ihre Kultur-Institute locken müssen, können die Amerikaner sicher sein, dass Indonesier, Thailänder oder Inder freiwillig die neueste Hollywood-Produktion anschauen – und dafür gerne zahlen. Gleichwohl haben die Vereinigten Staaten viel für ihre Stellung als kulturelle Vormacht getan. Früher und aggressiver als die Europäer warben sie um die jungen Eliten Asiens. Zehntausende studierten an amerikanischen Universitäten, als im gut meinenden Kontinentaleuropa noch über den «brain drain» in Entwicklungsländern theoretisiert wurde. Auch heute verstehen die Amerikaner das Abwerbegeschäft besser. Wo deutsche Universitätsfunktionäre biedere «Bildungsmessen» abhalten, lassen amerikanische Headhunter mitunter ganze Schulen schließen und übernehmen für einen Tag den Unterricht, um die Hochbegabten gewissermaßen an der Quelle abzuschöpfen.

Die militärische Befreiung Asiens durch Amerika – martialisch gekrönt von den beiden Atombombenabwürfen auf Hiroshima und Nagasaki – wurde in Europa in seinen langfristigen Auswirkungen unterschätzt. Abgelenkt vom Wiederaufbau des alten Kontinents und beeinflusst vom heraufziehenden Blockkonflikt, nahmen die Europäer die Nachkriegsentwicklung im Fernen Osten vorwiegend unter dem Gesichtspunkt der ideologischen Konfrontation wahr. Die Kriege in Korea und Vietnam sowie die chinesische Kulturrevolution prägten das Bild des Kontinents als einer zweiten Front des Systemgegensatzes. Dass die Amerikaner mit und neben ihrer Eindämmungspolitik auch hegemoniale Interessen verfolgten, bekümmerte in den europäischen Regierungskanzleien nur wenige. Bis zum unübersehbaren Aufstieg Japans in den achtziger Jahren wurde Asien als verlorener, zudem kolonialhistorisch verseuchter Kontinent betrachtet, auf dem sich andere bewähren sollten. Dort, wo das amerikanische Engagement auf Protest stieß – wie in der Antivietnambewegung der späten sechziger und frühen siebziger Jahre –, litt er oft unter ideologischer Verzerrung und einer fragwürdigen Perspektive. Statt die politischen und wirtschaftlichen Kosten des amerikanischen Engagements für Europa hochzurechnen, schlug sich die Kritik am «US-Imperialismus» auf die Seite der vermeintlich (und zum Teil tatsächlich) ausgebeuteten Völker.

Washington nutzte das Chaos der Nachkriegsjahre sehr beherzt. Auch wenn die Eliten den europäischen Kolonialherren im Geiste oftmals verbunden blieben, waren sie es sich doch schuldig, die Unterdrücker von einst auf Abstand zu halten. In diese Lücke sprang Amerika, das eine vergleichsweise unbelastete Vergangenheit vorzuweisen hatte – sieht man von seinen Abenteuern in China und auf den Philippinen ab. Der Kolonialismus der Bajonette war tot, es lebte der Kolonialismus der Beeinflussung. Fast im gesamten nichtkommunistischen Asien machte sich Washington die Eliten gefügig, vorzugsweise mit finanzieller Unterstützung und Sicherheitsgarantien. Mit insgesamt 80 000 stationierten Soldaten in Japan und Korea sowie Flugzeugträgern in den umliegenden Meeren hatte Washington ein eindeutiges Zeichen gesetzt: In Asien geht nichts mehr ohne Amerika! Selbst die Niederlage in Vietnam änderte wenig daran, dass den Vereinigten Staaten zugetraut wurde, mögliche Regionalkonflikte zu entscheiden oder, wichtiger noch, sie gar nicht erst ausbrechen zu lassen. Seit Jahrzehnten schützt Washington Südkorea und Japan vor dem stalinistischen Regime in Pjöngjang sowie Taiwan vor dem Wiedervereinigungsanspruch Pekings. Stiegen die Spannungen, genügte oft eine kleine Flottendemonstration vor der Küste. Auch auf andere Regionalkonflikte wie den um die Spratley-Inseln oder um Kaschmir behielten die Amerikaner stets ein Auge.

Penibel waren sie darum bemüht, bei den vorsichtigen Versuchen einer sicherheitspolitischen Integration nicht außen vor zu bleiben. Als der malaysische Premierminister Mahathir Anfang der neunziger Jahre für einen «East Asian Economic Caucus» warb – einen regionalen Zusammenschluss ohne Amerika –, setzte Washington manchen Hebel in Bewegung, dies zu verhindern. Beim ARF, das die Asean-Staaten danach zusammen mit China, Japan und Korea gründeten, war Washington von Anfang an dabei. Zur höchstrangigen Dialogplattform hat sich mit den Jahren das Asiatisch-Pazifische Wirtschaftsforum, kurz Apec, entwickelt – das erste Treffen im Jahr 1993 fand im amerikanischen Seattle statt.

Im Gegensatz zu Europa haben die Vereinigten Staaten Asien nicht nur als Wirtschaftszone identifiziert, sondern auch als Region von politischer Brisanz. In Washington herrscht kein Zweifel, dass das weltpolitische Gravitationszentrum tendenziell ostwärts wandert – eine Entwicklung, die ihrer natürlichen Dynamik wegen nicht aufzuhalten ist, die Amerika aber so gut wie möglich mitsteuern will. Zurzeit scheint die Asienpolitik der Vereinigten Staaten darauf gerichtet zu sein, die zahllosen Gefahren in der Region in den Griff zu bekommen, vom Konflikt um Taiwan und Kaschmir über den islamischen Extremismus bis hin zur Weiterverbreitung von Massenvernichtungswaffen, vor allem in Nordkorea. Aber jenseits des permanenten Krisenmanagements verliert Washington nie das «big picture» aus den Augen: den wirtschaftlichen und politischen Aufstieg Asiens mit all seinen Implikationen für die Dominanz Amerikas in der Region und schließlich in der Welt.

In den Mittelpunkt der geostrategischen Überlegungen ist China gerückt. Wellenhaft bewegten sich die Beziehungen der beiden Staaten, zwischen kältestem Misstrauen (in den sechziger Jahren) und eisbrechenden Annäherungen (seit Richard Nixons Besuch 1972), zwischen «strategischer Partnerschaft» (Bill Clinton im Jahr 1997) und «strategischer Rivalität» (George W. Bush im Jahr 2001). Mit dem 11. September 2001 verschwand China offiziell vom Spitzenplatz der amerikanischen Sorgenliste und wurde von den neuen «Schurkenstaaten» Afghanistan, Irak, Iran und Nordkorea verdrängt. Washingtons Antiterrorkrieg führte sogar zu neuen Gemeinsamkeiten mit Peking, das diesen Krieg in Teilen unterstützt – zumindest dort, wo sich die Volksrepublik selber von Islamisten bedrängt sieht wie von den Fundamentalisten in der uigurischen Minderheit.

Auch wenn die Vereinigten Staaten in den vergangenen Jahren zuweilen den Eindruck erweckten, als konzentrierten sich alle sicherheitspolitischen Interessen auf die islamische Welt, dominiert doch in den Planungsstäben Washingtons die Ansicht, als Weltmacht nur von Peking herausgefordert zu sein. Schon heute ist China das einzige Land, dem Amerika noch auf gleicher Augenhöhe gegenübertritt. Die beiden Volkswirtschaften haben sich in den vergangenen Jahren so dicht miteinander verwoben, dass eine abrupte Krise im einen Land das andere in die Nähe des ökonomischen Abgrunds ziehen würde. China ist auf dem Weg, in der asiatischen Welt eine ähnliche Vormachtstellung einzunehmen, wie sie Amerika in der atlantischen innehat. Die militärischen Kapazitäten der Atommacht China können mit denen Amerikas weder in ihrer Größe noch in ihrer Qualität und schon gar nicht in ihrer weltweiten Verfügbarkeit mithalten. Und doch bezeichnete der Geheimdienst der Vereinigten Staaten die Aufrüstung Chinas im Jahr 2004 als Amerikas «größte Sorge». CIA-Direktor Peter Goss spitzte die Befürchtungen Washingtons im Februar 2005 während einer Senatsanhörung mit den Worten zu: «Verbesserte chinesische Kapazitäten bedrohen die amerikanischen Streitkräfte in der Region.» Die Balance in der Straße von Taiwan drohe zu «kippen».

Dabei ist die amerikanische Truppenpräsenz in der Region beachtlich. 40 000 Soldaten in Japan und 37 000 Soldaten in Südkorea bilden das Rückgrat der amerikanischen Streitmacht in Asien. Zur Unterstützung kreisen Flugzeugträgerverbände in den umliegenden Gewässern; einer von ihnen, der sich um die USS Abraham Lincoln gruppiert, erlangte unlängst weltweite Aufmerksamkeit, als er wenige Tage nach dem Tsunami an der indonesischen Küste auftauchte und mit seiner 7000 Mann starken Besatzung Nothilfe leistete. Dem pazifischen Kommando wird noch eine Reihe weiterer Stützpunkte zugerechnet, deren wichtigste in Guam, Australien und im amerikanischen Hawaii liegen.

Die Massenstationierungen auf fremdem Territorium verlaufen nicht immer reibungslos. Sowohl in Japan als auch in Südkorea erheben sich mitunter Proteste. Hinter Vorwürfen gegenüber dem Auftreten amerikanischer Soldaten – insbesondere auf Okinawa – verbergen sich nicht selten politische Antipathien gegenüber den fremden Truppen. Während die Regierungen in Tokio und Seoul ihrem Verbündeten gegen alle Widerstände in ihren Ländern die Treue hielten, kündigten die Philippinen Anfang der neunziger Jahre ihre Stationierungsverträge mit Washington auf. Das Ende des Kalten Krieges hatte nicht nur das Denken in der atlantischen Welt verändert, sondern auch in weiten Teilen Asiens, und die Vereinigten Staaten mussten sich nun bemühen, ihre Präsenz, wo nötig, neu zu ordnen.

Zum vielleicht wichtigsten Verbündeten in Südostasien entwickelte sich Singapur. Die politische Bedeutung des kleinen Stadtstaates ist nicht zu unterschätzen. Gelegen im Herzen der Region, regiert von einer chinesischstämmigen Mehrheit und entwickelt wie Boston oder Chicago, fungiert Singapur recht erfolgreich als Scharnier zwischen den Asean-Staaten, China und Amerika. Bis heute gehört der Staatsgründer Singapurs, der greise Lee Kuan Yew, zu den wenigen Politikern, die über die Interna in fast allen wichtigen Hauptstädten Ostasiens Bescheid wissen – und Freunden aus dem Westen gerne Auskunft geben. Amerikanische Kriegsschiffe sind im Hafen der Hochtechnologiemetropole willkommen, es gibt kaum logistische Unterstützung, die hier nicht geleistet werden kann. Die militärische Zusammenarbeit ist eng. Mit Singapur haben die Vereinigten Staaten auch das erste bilaterale Freihandelsabkommen unterzeichnet, eine Vertragsform, die in der Region rasch Karriere machte.

Mit Thailand, dem zweiten amerikanischen «Hub» in Südostasien, wird seit geraumer Zeit an einem vergleichbaren Abkommen gebastelt. Auch die sicherheitspolitische und polizeiliche Kooperation hat sich seit dem 11. September 2001 intensiviert. Das Land darf seit 1993 den Titel des «bedeutenden Nicht-NATO-Verbündeten» führen – was Bangkok in den Genuss bringt, hochtechnologische Rüstungsgüter zu importieren und Geheimdiensterkenntnisse zu teilen. Dass die

Zusammenarbeit Früchte tragen kann, bewiesen thailändische und amerikanische Sicherheitskräfte im August 2003 mit der Festnahme des Terroristen Hambali, einer Schlüsselfigur der Jemaah Islamiah.

Der «Krieg gegen den Terror», in dem Südostasien zur «Zweiten Front» erklärt wurde, führte die Vereinigten Staaten auch wieder näher an die Philippinen. Im Kampf der Armee gegen die islamische Terrorgruppe Abu Sayyaf halfen zeitweise mehr als 2500 amerikanische Soldaten – Washingtons größter Einsatz in der Region seit dem Vietnamkrieg. Mit jährlich über 160 Millionen Dollar lässt sich Washington auch die finanzielle Militärhilfe Manilas einiges kosten, und nicht wenige halten es für möglich, dass die stillgelegten Basen eines nicht zu fernen Tages wiedereröffnet werden.

Entspannt hat Amerika in den vergangenen Jahren sogar seine Beziehungen zu Vietnam. In Hanoi wirken die Erinnerungen an den (erfolglosen) Angriff Chinas im Jahr 1979 frischer als die ungleich größeren Wunden, die der amerikanisch unterstützte Bürgerkrieg geschlagen hat. Washington interessiert sich nicht nur für die strategische Lage Vietnams, das nahe an den chinesischen Wirtschaftszentren liegt, sondern auch für das enorme ökonomische Potenzial, was es ebenfalls mit Hilfe von Freihandelsverträgen auszuschöpfen versucht. Wahrscheinlich beweist sich die Attraktivität Amerikas nirgendwo so eindrucksvoll wie in Vietnam. Obwohl die Vietnamesen historisch allen Grund hätten, misstrauisch zu sein, wenden sie sich den Vereinigten Staaten zu – und nicht den Europäern, mit denen sie ungleich mehr gemeinsam haben.

Nicht so reibungsfrei gestalten sich die amerikanischen Beziehungen zu den beiden großen muslimischen Hauptstädten Südostasiens, Kuala Lumpur und Jakarta. Die notorischen

Ressentiments des langjährigen malaysischen Ministerpräsidenten Mahathir haben Spuren hinterlassen. Und Indonesien steht in Washington nach wie vor im Verdacht, dem islamischen Fundamentalismus zu viel freien Lauf zu lassen. Zum Symbol wurde der Prozess gegen den islamistischen Geistlichen Abu Bakar Baschir, den die Vereinigten Staaten für Osama bin Ladens Statthalter in Südostasien halten. Dessen Verurteilung zu zweieinhalb Jahren Haft im März 2005 – nach einem fast dreißig Monate dauernden Doppelprozess – wurde von Washington mit «Enttäuschung» kommentiert. Gleichwohl bemühen sich die Amerikaner darum, die Beziehungen wieder auf jenen Stand zu bringen, den sie während der dreißigjährigen Regierungszeit des prowestlichen Diktators Suharto hatten. Die Militärhilfe, die Washington wegen der Massaker in Ost-Timor ausgesetzt hatte, soll langsam wieder aufgenommen werden, versprach Präsident Bush im Mai 2005, als der indonesische Präsident Yudhoyono zum ersten Mal nach Washington gereist war. Immer wieder setzte Amerika in den vergangenen Jahren Zeichen der Annäherung – das vielleicht wichtigste mit Bushs Besuch in Bali, zum ersten Jahrestag des dortigen Terroranschlags. Näher kamen sich beide Länder auch im Zuge der humanitären Hilfe, die die amerikanischen Streitkräfte Ende 2004 in der indonesischen Tsunami-Provinz Aceh leisteten – und leisten durften. Der Einsatz amerikanischer Soldaten war in der größten muslimischen Nation der Welt durchaus umstritten. Aber die wichtige Hilfe in den ersten Wochen nach der Katastrophe wurde am Ende von der Mehrheit im Lande gewürdigt.

Dass noch immer viel gegenseitiges Misstrauen zu überwinden ist, erwies sich im Streit um die «Straße von Malakka». Diese schmale Wasserstraße durch die malaiische Inselwelt, durch die ein Großteil des Welthandels verschifft wird, gilt unter Terrorfachleuten als potenzielles Anschlagsziel. Über alle zur Verfügung stehenden Kanäle hatten sich Amerikaner im Sommer 2004 bemüht, die Südostasiaten zu gemeinsamen Patrouillen zu überreden. Aber weder in Kuala Lumpur noch in Jakarta stieß das amerikanische Drängen auf Sympathie. Lieber stellte man eigene Patrouillenflotten zusammen und koordinierte sie unter südostasiatischer Regie.

Trotz der Omnipräsenz im pazifischen Raum meinen manche Beobachter, eine (halb gewollte, halb erzwungene) Verschiebung des amerikanischen Asienengagements beobachten zu können – vom Osten in den Westen des Kontinents. Noch sind die Zeichen eher klimatischer als materieller Natur, aber in ihrer Summe deuten sie auf einen schleichenden Machtverlust im Fernen Osten hin. Dass Amerika dort zum ersten Mal seit sechzig Jahren nicht mehr die zentrale Rolle spielt, zeigt sich unter anderem in den Verhandlungen um das nordkoreanische Atomwaffenprogramm. Die «Sechs-Nationen-Gespräche» wurden von China, nicht von den Vereinigten Staaten moderiert. Und es war Pekings konzilianterer Ansatz, der die Verhandlungen über lange Phasen dominierte, nicht der robuste amerikanische. Erstmals war der Stimmungsumschwung zugunsten Chinas im Oktober 2003 spürbar, als sich die Apec-Staaten in Bangkok trafen. Während Bush ein eher kühler Empfang bereitet wurde, avancierte Chinas neuer Präsident Hu Jintao zum Star der Veranstaltung. Delegierte vieler asiatischer Staaten beklagten sich über den amerikanischen Versuch, im Alleingang den «Krieg gegen den Terror» in den Mittelpunkt der Konferenz zu rücken, und schwärmten zugleich von der Partnerschaftlichkeit ausstrahlenden Diplomatie der Chinesen.

Das ist in Washington angekommen. Man sei im pazifischen Asien «nicht mehr der Koloss», befand unlängst der frühere amerikanische Botschafter in Thailand, Morton Abramowitz. «Die Vereinigten Staaten», stellte er schon im Sommer 2003 gemeinsam mit dem Koreafachmann Stephen Bosworth fest, «haben, bewusst oder nicht, damit begonnen, sich von ihrer Rolle als einzigartiger Ausgleichsmacht Ostasiens zurückzuziehen.» Die Ankündigung Washingtons, im Rahmen der internationalen Truppenverlegung einen Teil der in Japan und Südkorea stationierten Verbände westwärts zu verlagern, wirkt in diesem Zusammenhang wie eine Bestätigung.

Seit geraumer Zeit verstärken sich die strategischen Suchbewegungen in Washington. Ausgehend von den drei großen Verschiebungen Asiens – der schrumpfenden Bedeutung des engen Verbündeten Japan, dem wachsenden Einfluss des unberechenbaren Chinas und dem Aufschwung Indiens –, mehren sich Fachaufsätze und Tagungen unter Titeln wie «Adjusting to the New Asia» oder «Re-Envisioning Asia». Dabei werden verstärkt kritische Töne gegenüber Bushs Asienpolitik laut. Die in San Francisco beheimatete Asia Foundation warnte Ende 2004 vor einem «fortgeführten Unilateralismus». Der Versuch, die nationale Agenda Washingtons auch in Asien durchzudrücken, verprelle nicht nur die alten Verbündeten, sondern mache Amerika in der regionalen Kooperation außerdem zu «odd man out».

Tatsächlich ist in Asien trotz des großen gegenseitigen Misstrauens ein Zusammenrücken zu beobachten. Der «Senior Minister» von Singapur, Goh Chok Tong, sagte im Juni 2005 in Bangkok: «Die Schlüsselfrage lautet nicht, ob Ostasien zusammenwächst – sie lautet: wie schnell und welche Form der ostasiatische Regionalismus annehmen wird.» Anders als Europa gelang es dem Kontinent nie, eine stabile Sicherheitsarchitektur zu entwerfen. Was in der Alten Welt NATO, EU und in gewisser Weise auch die OSZE leisteten, wurde von den asiatischen Bündnissen nicht ansatzweise erreicht. Erst seit wenigen Jahren gewinnt die Asean, das älteste Bündnis der Region, an Ausstrahlung. Die regelmäßigen Treffen, die die zehn Mitgliedsländer inzwischen mit China, Japan und Korea abhalten, nehmen mehr und mehr die Kontur einer «Ostasiatischen Gemeinschaft» an.

Die Vorbereitung zum ersten «East Asian Summit» im November 2005 wurde von den Vereinigten Staaten mit beträchtlicher Nervosität begleitet. Washington habe «einige Bedenken, dass der ostasiatische Gipfel ausgrenzend und nach innen schauend sein wird», sagte der singapurische Außenminister Yeo nach einem Gespräch mit der amerikanischen Außenministerin Rice im Februar 2005. Neben den «Asean-plus-drei-Ländern» wurden zwar im Laufe der Monate auch Australien, Neuseeland und Indien als Teilnehmer zugelassen, aber Amerika wartete vergebens auf eine Einladung. Obwohl insbesondere Singapur immer wieder betonte, dass «eine ostasiatische Architektur ohne Amerika als eine ihrer Säulen eine instabile Konstruktion wird» (Goh Chok Tong), gelang es den malaysischen Gastgebern im Zusammenspiel mit den Chinesen, das Format regional zu begrenzen. Niemand will es sich mit Peking verscherzen. Ein europäischer Botschafter in Singapur nennt diesen Effekt «Chinas unheimliche Machtprojektion». Schon entwerfen erste Vordenker wie Francis Fukuyama neue, alternative Bündnisse, um den amerikanischen Einflussverlust aufzuhalten. Der Politikwissenschaftler und Philosoph, der gerne über neue Weltordnungen nachdenkt, schlägt vor, die fünf Staaten, die mit Nordkorea verhandeln, in eine «ständige Organisation» für asiatische Sicherheit zu überführen.

Mit Herausforderungen anderer Art ist das Engagement Amerikas auf dem Subkontinent und in den umliegenden

Ländern verbunden. Nach dem 11. September 2001 haben die Vereinigten Staaten ihre militärische Präsenz in Süd- und Zentralasien sowie den Gebieten, die manche «Westasien» nennen, kontinuierlich ausgebaut. Vom Iran abgesehen geschieht in dieser Weltgegend außenpolitisch nur noch wenig ohne Konsultationen oder sogar direktes Einwirken Washingtons. Einen festen Pflock schlugen die Vereinigten Staaten in Afghanistan ein, der gebirgigen Drehscheibe zwischen den öl- und gasreichen GUS-Republiken, Iran und dem Subkontinent. Seit dem Sturz der Taliban im November 2001 wird Kabul im Prinzip von Washington regiert. Die Europäer mögen sich der Vorstellung hingeben, die von ihnen dominierte «Internationale Schutztruppe für Afghanistan» (Isaf) stabilisiere das Land – vor Ort herrschen andere Realitäten. Das zwischen 5000 und 8000 Mann schwankende Kontingent ist (von wenigen Außenposten, den «Provincial Reconstruction Teams», abgesehen) nur in Kabul und der näheren Umgebung stationiert. Die Soldaten haben keinen Kampfauftrag und sind im Wesentlichen damit beschäftigt, durch die Straßen zu patrouillieren und Pressemitteilungen herauszugeben, wenn wieder einmal eine Rakete über «Camp Warehouse», das Basislager bei Kabul, geflogen ist. Präsident Karzai vertraut der Isaf nicht einmal seine eigene Sicherheit an. Im Palast passen Amerikaner auf ihn auf und bilden die afghanischen Leibwächter aus. Die versammelten Repräsentanten Europas – vom eigens entsandten EU-Sonderbeauftragten bis zu den wechselnden Isaf-Kommandanten – finden bei der afghanischen Regierung nicht halb so viel Gehör wie der amerikanische Botschafter in Kabul.

Sicherheit und Stabilität am Hindukusch garantieren die amerikanisch geführten «Koalitionstruppen», die unter dem Mandat «Enduring Freedom» Mitglieder der Taliban und der al-Qaida jagen. Über die Größe und die Zusammensetzung der Kampftruppe kursieren nur Schätzungen. Während der Präsidentenwahlen im Oktober 2004 sollen etwa 20 000 Mann unterwegs gewesen sein, mehr als 90 Prozent von ihnen Amerikaner. Dass die Präsidentenwahlen in Afghanistan vergleichsweise störungsfrei ablaufen konnten, ist vor allem ihr Verdienst. Auch wenn sie die beiden Spitzenfunktionäre der al-Qaida – Osama bin Laden und Ayman Al-Zawahiri – bis heute nicht gefunden haben, garantieren die Amerikaner mit ihrer Präsenz, dass Afghanistan einstweilen nicht mehr in die Hände der Glaubenskrieger fallen wird.

Jenseits der Ostgrenze, auf der anderen Seite des Paschtunengürtels, haben sich die pakistanischen Sicherheitskräfte – zumindest offiziell – ebenfalls auf Terroristenjagd begeben. Auch sie werden von Amerikanern unterstützt, die dort allerdings nicht in Uniform auftreten. Washington hat in Islamabad so manchen Militärmachthaber in den Sattel gehoben, aber unter General Musharraf, der sich 1999 angeblich aus eigener Kraft an die Macht geputscht hat, erreichte der amerikanische Einfluss ein unbekanntes Niveau. Der wenig idealistische Vertrag, den George W. Bush mit Pervez Musharraf abgeschlossen hat, lässt sich auf die Formel bringen: Hilf uns im Antiterrorkampf, und wir garantieren dir deinen Posten. Die hehren Werte der Demokratie, die Amerika im Irak oder in Iran einfordert, scheint es in Pakistan nicht zu vermissen. Musharrafs Operettendemokratie wird kaum kritisiert, dafür aber mit bester amerikanischer Kriegstechnik – inklusive F-16-Kampfflugzeugen – ausgerüstet. Was Pakistan so wertvoll für Amerika macht, ist nicht zuletzt die lange Grenze, die das Land mit Iran teilt.

Mit dem Irak haben die Amerikaner einen dritten Schlüsselstaat der Region unter ihre Kontrolle gebracht. Auch wenn die 130 000 Soldaten kaum dauerhaft stationiert werden können, dürfte der Irak doch für lange Zeit amerikanischer Stützpunkt in der Region bleiben. Rechnet man die älteren Basen am Golf, den Stützpunkt Garcia sowie die Flottenverbände im Indischen Ozean hinzu, haben die Vereinigten Staaten ein militärisches Netz über die Region geworfen, wie es seit der britischen Kolonialzeit keines mehr gegeben hat.

Die beachtliche Machtdemonstration reflektiert die strategische Bedeutung, die der Raum für die Vereinigten Staaten eingenommen hat. Neben der Bekämpfung des islamistischen Terrorismus, der das regionale Engagement öffentlichkeitsfreundlich veredelt, verfolgt Washington eine Reihe weiterer Ziele: die Kontrolle von Massenvernichtungswaffen und ihrer Verbreitung (damit verbunden die Isolation von Iran), die Stabilisierung der Region mit dem Ziel, alte Ölquellen zu sichern und neue zu erschließen, sowie die Eindämmung des chinesischen Einflussbereichs. Zum Schlüsselpartner hat sich Washington dabei das größte Land der Region erkoren: Indien.

Welche Bedeutung der Subkontinent für die Vereinigten Staaten gewonnen hat, fasste der Unterstaatssekretär im amerikanischen Außenministerium, Nicholas Burns, im Mai 2005 in drastische Worte. Auf einer Konferenz in Brüssel sagte er den anwesenden Europäern: «Wenn Sie die amerikanische Außenpolitik im Weltmaßstab betrachten, dann wird die größte Veränderung, die Sie in den nächsten drei bis vier Jahren sehen werden, ein neuer amerikanischer Fokus auf Südasien sein. Wenn Sie alle Trends ins Auge fassen – Bevölkerung, Wirtschaftswachstum und außenpolitische Trends –, dann gibt es keine Frage, dass Indien die aufsteigende Macht im Osten ist. Ich glaube, Sie werden dies als einen eminent wichtigen Punkt auf der Agenda unseres Präsidenten und unserer Außenministerin sehen – es wird das Gebiet der größten dynamisch-positiven Veränderung in der amerikanischen Außenpolitik sein.»

INDIEN · Regionalmacht mit Ambitionen

Noch bevor die Olympischen Spiele in Peking beginnen, fliegen die Inder auf den Mond. Jedenfalls haben sie sich das vorgenommen. Ihr eigenständig entwickeltes «Polar Satellite Launch Vehicle» soll neue Planetendaten an das Hauptquartier der Indischen Weltraumforschungsorganisation, ISRO, in Bangalore übermitteln. Die Mission Chandrayan Pratham, oder «Mondschuss Eins», ist in einem Land mit 300 Millionen Armen nicht unumstritten. Aber K. Kasturirangan, der Nestor der indischen Raumfahrt, lässt keinen Zweifel zu: «Die Frage lautet nicht, ob man sich das leisten kann, sondern ob man sich leisten kann, es zu ignorieren.»

Das ist der neue Ton: bestimmt und bedingungslos dem Fortschritt zugewandt. Nichts erscheint dem modernen Indien zu hoch, zu schwierig oder zu groß. Die Weltspitze ist inzwischen der Maßstab, ob in der Weltraumforschung oder der Biochemie, in der Informationstechnologie oder der Rüstung, in der Filmindustrie oder der Literatur. Ähnlich wie China begreift sich Indien als ehrwürdige Zivilisation, die im Mittelfeld nichts zu suchen hat und ihren natürlichen Platz ganz oben sieht. Begierig nimmt die Öffentlichkeit auf, was dem Selbstverständnis schmeichelt. Als ein Länderanalyst der Investmentbank Goldman Sachs Indien zur weltgrößten Volkswirtschaft des Jahres 2050 hochprojizierte, wurde die Studie wie das heilige Buch der Wahrheit umhergereicht. Schon heute bezeichnet sich das offizielle Indien als «fünftgrößte Volkswirtschaft der Welt» – und verschweigt dabei gerne, dass dies nur auf der umstrittenen Berechnungsgrundlage der Kaufkraftparität zutrifft.

Fast alle Staatsgäste der vergangenen Jahre, vom Ratspräsidenten der Europäischen Union bis zu den Regierungschefs Russlands, Chinas oder Japans, priesen Indien als kommende Wirtschaftsmacht und als gewichtigen Faktor der internationalen Politik – Worte, von denen die Inder nicht genug hören können.

Es hat lange gedauert, bis Indien wieder als bedeutende Nation wahrgenommen wurde. Bei aller Beschwörung einer großen Vergangenheit war auch den Indern bewusst, dass die vergangenen 1500 Jahre nicht nur erhabene Momente bereithielten. Die Phase, in der Indien vorbildhaft wirkte und der Menschheit Kulturtechniken und Religionen schenkte, endete im Grunde mit dem Verfall des Gupta-Reiches im 5. Jahrhundert. Von da an pflegte Indien, was in Deutschland «Kleinstaaterei» genannt wurde. Fürstentümer kamen und gingen, wuchsen und schrumpften, vereinigten sich und fraßen sich gegenseitig auf. Immer wieder fielen fremde Truppen ein, aus Arabien, aus Persien, aus Zentralasien, und machten sich große Gebiete – oft mit wenig Mühe – untertan. Bei Hofe ging es durchaus kultiviert zu, aber wenig drang über die Grenzen der Fürstentümer hinaus.

Das erste Großreich, das nach der Gupta-Dynastie auf indischem Boden wiedererstand, war das der muslimischen Moguln. Abgelöst wurde es im 19. Jahrhundert vom britischen Imperium. Fünfhundert lange Jahre wurden die Inder in ihrem eigenen Land bevormundet. Die meisten Touristen sind überrascht, wie wenig «typisch Indisches» auf den gängigen Reiserouten zu sehen ist. Der Großteil des baugeschichtlichen Erbes, das heute geschützt und gepflegt wird, trägt die Handschrift der Fremdherrscher. Sultane, Großmoguln und Briten haben die überragenden nationalen Identitätssymbole erschaffen: den Qutab Minar im Süden Delhis, das Taj Mahal in Agra, das Gateway of India in Bombay, Präsidentenpalast und India-Gate im Herzen der Hauptstadt. Die einzige Sprache, die von allen gebildeten Indern gleichermaßen gesprochen wird, ist die englische.

Das historische Wechselbad von Prägekraft und Fremdbestimmtheit, Stolz und Verletzung beeinflusst die subkontinentale Seele bis heute. In kaum einem anderen Land durchdringen sich Minderwertigkeitsgefühle und Protzertum, Selbstmitleid und Arroganz in solcher Weise. Die strukturelle Unordnung der nationalen Psyche ist die Quelle indischer Paralyse und zugleich der Auslöser indischer Kreativität. Der Gesellschaft fehlt der Ruhepuls, im Guten wie im Schlechten. Sichtbar wird das in einem beinahe neurotischen Umgang mit den Kategorien von Realität und Anspruch.

Dies zeigt sich schon im Kleinen. Glaubt man indischen Zeitungen und Fernsehsendern, befindet sich das Land – man mag es kaum glauben – auf dem Weg zu einer Tennis-Nation. Der Grund für diese Erwartung heißt Sania Mirza. Die Medien erklären sie nicht nur zum größten Jugendidol neben dem Kricketstar Sachin Tendulkar, sondern zum «indischen Äquivalent von Tiger Woods». Im Wahrheit war es Frau Mirza gelungen, in die dritte Runde der Australian Open vorzustoßen und ein Turnier auf indischem Boden zu gewinnen; sie ist nicht einmal unter den ersten siebzig Frauen der Weltrangliste.

Dass die indische Selbstwahrnehmung groteske Züge annehmen kann, hat niemand so schonungslos herausgearbeitet wie der Literaturnobelpreisträger V. S. Naipaul. Nach einem ersten langen Besuch in der Heimat seiner Vorfahren beschrieb er den indischen Hang zur Selbsttäuschung am Beispiel der Hygiene. «Inder defäkieren überall. Meist tun sie es an den Bahngleisen. Aber sie defäkieren auch an Stränden, auf Hügeln, an Flussufern, auf der Straße; sie suchen sich nicht zu verbergen … Über diese hockenden Gestalten – die dem Fremden nach einer Weile so zeitlos und symbolisch erscheinen wie Rodins Denker – spricht niemand, man schreibt nicht über sie, sie werden weder in Erzählungen und Romanen erwähnt, noch erscheinen sie in Dokumentarfilmen. Man könnte das für einen ehrenwerten Versuch der Beschönigung halten, doch die Wahrheit ist: Die Inder nehmen diese Hockenden nicht wahr und könnten sich allen Ernstes zu der Behauptung versteigen, es gebe sie gar nicht.»

Die kollektive Autosuggestion erfasst viele Bereiche des öffentlichen Lebens. Der oft selbstgefällige Stolz auf die «größte Demokratie der Welt» vernebelt nicht selten den Blick auf ihre beträchtlichen Defizite; Korruption, Gewalt und eine Kultur des Dynastischen berauben das politische System Indiens vieler natürlicher Vorteile, die es gegenüber autoritärer regierten Nachbarstaaten ausspielen könnte. Das Bewusstsein, eine große Kultur hervorgebracht zu haben, verhindert oft die Auseinandersetzung mit aktuellen zivilisatorischen Niedergangsphänomenen. Das Selbstbildnis einer strukturell friedlichen Nation, die den Gewaltverzicht und den Moralismus Mahatma Gandhis als Raison d'Être begreift, macht es schwer, sich mit dem traurigen Alltag von Aggression, Gewalt und sexueller Belästigung zu beschäftigen. Die wohl krasseste Fehleinschätzung der nationalen Verhältnisse unterlief Teilen der indischen Öffentlichkeit im Frühjahr 2004, als sich Parteien, Wirtschaft, Wissenschaft und Medien einig waren, dass die Parlamentswahl vom hindunationalistischen Premierminister Vajpayee wiedergewonnen wird. Mit seinem Slogan «Indien strahlt» schien Vajpayee das neue Lebensgefühl im Lande voll getroffen zu haben – bis er am langen Wahlabend lernen musste, dass sich eine unverstandene Mehrheit von dem Motto verhöhnt fühlte und die Opposition wählte.

Weil den Indern der klare Blick auf sich selbst fehlt, machen sie es anderen so schwer, sie zu verstehen. Seit langem schwanken internationale Beobachter zwischen Unterschätzung und Überschätzung. Eben noch verspottet als «Afrika Asiens», ist Indien im nächsten Moment schon das «neue China». Tatsächlich steht der selbsterklärte und – zurzeit – auch weltweit anerkannte Aufstieg des Landes in schier unerklärlichem Kontrast zu den sinnlichen Eindrücken, die Indien bietet. Die Flughäfen von Delhi oder Bombay, Kalkutta oder Madras befinden sich in einem beklagenswerten Zustand. Selbst Provinzterminals in Thailand oder Indonesien gewähren einen höheren Standard, von denen Chinas zu schweigen. Keine Stadt Indiens hat sich in den vergangenen Jahren wesentlich verändert. Wo sich die Metropolen in der östlichen Nachbarschaft städtebaulich neu entwarfen, bemühen sich indische Städte darum, endlich «kuhfrei» zu werden – was nichts daran ändert, dass in der Finanzmetropole Bombay bis heute ein pinkelnder Elefant einen Stau im Stadtzentrum auslösen kann. Selbst am Vorzeigestandort Bangalore präsentiert sich die Moderne nur auf kleinen Inseln. Dazwischen wartet die traurige Normalität: Slums, Verwahrlosung und Schmutz.

Offiziell hat sich Indien als Entwicklungsland verabschiedet; nur fünf «Geber» sind noch zugelassen. Zieht man in Betracht, dass Indien seit einiger Zeit selber Spendierhosen anzieht und sich als Gönner in ärmeren Ländern profiliert, müsste es prächtig um die indische Sozialstatistik stehen. Doch die Lage spottet noch immer jeder Beschreibung. Nur etwas mehr als die Hälfte der Inder kann lesen und schreiben. Jedes vierte Kind geht nicht zur Schule. Die Lebenserwartung zählt mit 64 Jahren zu den niedrigen der Welt. Weite Teile der ländlichen Bevölkerung sind von ärztlicher Versorgung, Frischwasser, Elektrizität und Kommunikation abgeschnitten.

Indien-Apologeten wenden ein, der Aufstieg vollziehe sich hinter den Elendsfassaden, gewissermaßen unsichtbar. Wo China seinen Erfolg nach außen dokumentiere und Besucher mit gläsernen Wolkenkratzern und futuristischen Straßensystemen blende, stärke Indien sich von innen. Tatsächlich ist es vor allem die Dienstleistungsbranche, die das indische Wachstum generiert. Während die chinesische Volkswirtschaft von der Industrie dominiert wird, verdienen die Inder ihr neues Geld in Callcentern und Bildungseinrichtungen, Versicherungen und Banken. Um indisches Wachstum zu sehen, müssen die Türen zu den bescheidenen Wohnungen von Taxifahrern oder Kioskbesitzern aufgestoßen werden. Wo noch vor wenigen Jahren nicht viel mehr als ein paar Matratzen, eine Kochstelle und ein Altar zu sehen waren, türmen sich heute auf engstem Raum Fernseher, Ghettoblaster, Digitalkameras und Handys.

Spötter machen darauf aufmerksam, dass selbst Indiens Ruf als Dienstleistungsgesellschaft und «Software-Nation» duch Realitäten nicht wirklich gedeckt werde. Der Umsatz der gesamten indischen IT-Branche liegt zurzeit bei etwas mehr als 10 Milliarden Euro im Jahr – eine Summe, die allein der amerikanische Software-Konzern Microsoft jeden vierten Monat umsetzt. Sie weisen darauf hin, dass China siebenmal so viele Internetanschlüsse und sechsmal so viele Telefonbenutzer hat. Sie rechnen vor, dass die Volksrepublik zehnmal so viel Auslandskapital anzieht, zehnmal höhere staatliche Investitionen tätigt, zehnmal so viel Stahl verbraucht und – wer es besonders drastisch mag – über ein Autobahnnetz verfügt, das sechzigmal größer ist als das indische.

Kaum etwas fasziniert die Inder so sehr wie das Kräftemessen mit dem Nachbarn, der noch 1980 in fast allen Disziplinen gleichauf lag. Zeitungsserien, Bücher und Symposien beschäftigen sich mit diesem Ländervergleich. Lange Zeit begründeten die Inder ihr dramatisches Hinterherhinken mit den Nachteilen der Demokratie. Während in Indien jede öffentliche Investitionsentscheidung von allen Interessengruppen diskutiert und dabei oft reduziert, verworfen oder nachträglich verändert werden müsse, könne eine Diktatur Investoren mit klaren und verbindlichen Zusagen anlocken, hieß es. Was traditionell als Hypothek empfunden wurde, wandelt sich nun in ein Guthaben. Nicht nur Inder, auch ausländische (oft von China enttäuschte) Geschäftsleute betonen inzwischen die Vorteile einer eingeübten, vergleichsweise krisensicheren Demokratie. Zwar geht alles etwas langsamer und beschwerlicher, aber zumindest die Gefahr eines politischen Kollapses scheint in Indien gebannt.

Die Freiheit, die die Inder gewohnt sind, hat ihnen spezifische Vorteile gegenüber den Nachbarn beschert. In den großen Städten herrscht ein intellektuelles Klima, das man in den meisten Metropolen des östlichen Asiens vergebens sucht. Inder lieben es zu reden – und sich dabei zuzuhören. Die Lust an Diskussion und Austausch hat mitunter enervierende Seiten, aber die Kultur der «chatting class» fördert viele Talente. Auf internationalen Konferenzen präsentieren sich die Inder oft als rhetorische Könner. Nicht nur Wissenschaftler, auch Unternehmer, Schauspieler, Sportler haben keine Mühe, ihre

Standpunkte in der Öffentlichkeit klar und beredt zu vertreten; selbst der «kleine Angestellte» entwickelt nicht selten die Leidenschaft des Argumentierens.

Anders als das pazifische Asien hat der Subkontinent viele große Namen hervorgebracht. Indische Literaten – vom Nobelpreisträger Rabindranath Tagore bis zu Amitav Gosh – kennt man im Westen. Akademiker wie Amartya Sen oder Aktivisten wie Arundhati Roy stützen sich auf Fangemeinden in Europa und Amerika. Markante Unternehmerpersönlichkeiten wie Narayana Murthy, der geniale und sozial bewegte Gründer von Infosys, oder Mukesh und Anil Ambani, die Brüder der Reliance-Group, sind den Lesern der internationalen Wirtschaftspresse ein Begriff. Ein Teil des internationalen Erfolges indischer Ausnahmepersönlichkeiten ist mit ihrer Muttersprache – dem Englischen – zu erklären, die ihnen einen unproblematischen Zugang zur angelsächsischen Welt verschafft. Dies gilt in noch stärkerem Maße für indischstämmige Prominente, die sich in England oder Amerika niedergelassen haben, von V. S. Naipaul bis Salman Rushdie oder Shashi Tharoor. Gerade an den indischen Karrieren im Ausland lässt sich die spezifische Neigung zum Kreativen und Intellektuellen ablesen. Im Vergleich zu Chinesen, Koreanern oder Japanern reüssieren Inder auffällig oft als Wissenschaftler, publizistisch oder im medizinischen Bereich. Seltener anzutreffen sind sie dagegen – Ausnahmen beiseite gelassen – im operativen Bereich von Wirtschaftsunternehmen.

Indiens reichere Nachbarn haben begonnen, die Stärken des Milliardenvolkes zu erkennen. Lange Zeit rümpften sie buchstäblich die Nase. Geruch und Schmutz waren die ersten Begriffe, die Südostasiaten einfielen, wenn sie um eine assoziative Stellungnahme zu Indien gebeten wurden. Ein anderer Spruch, der sich in der Nachbarschaft verbreitet hat, lautet:

«Wenn du einem Inder und einer Schlange begegnest – wen tötest du zuerst?» Viele pejorative Zuschreibungen halten sich bis heute, aber hinzugekommen sind positive Urteile. Gewürdigt werden nun auch indische Intelligenz, Einfallsreichtum und Durchsetzungsstärke. In hoch entwickelten Staaten wie Singapur oder Malaysia rekrutieren Universitäten, biotechnologische Forschungslabors und Entwicklungsabteilungen großer Unternehmen ihr Personal inzwischen gezielt in Indien, weil sie dort das reichste Reservoir an Talenten vermuten. Der Erfolg der nicht selten brillanten Gastarbeiter trägt zur weiteren Imageverbesserung bei.

Die Mischung aus akademisch geprägter Atmosphäre, günstigen Arbeitskosten und Englisch als allgemeiner Verkehrssprache hat Indien als Standort für Investitionen und Auslagerungen attraktiv gemacht; nur in die Volksrepublik China fließt derzeit noch mehr ausländisches Kapital. Keine Branche wächst dabei in Indien so rasant wie die Outsourcing-Industrie. Es gibt kaum noch etwas, das Ausländer nicht auch in Indien herstellen, entwickeln oder bearbeiten können. Von der Handarbeit bis zur hochcomputerisierten Massenproduktion, von der Kundenbetreuung bis zur Buchhaltung und zur Qualitätsprüfung – die Inder können es meistens genauso gut, manchmal sogar besser und verlangen wesentlich weniger Geld dafür. Selbst auf so sensiblen Feldern wie der Gesundheitsversorgung bieten die Inder mittlerweile weltweit ihre Dienste an. Jahr für Jahr werden allein in den Krankenhäusern der Apollo-Gruppe 30 000 Patienten aus dem Ausland behandelt. Vor allem Briten fliehen ihr marodes Gesundheitssystem und lassen sich von meist in Amerika ausgebildeten Ärzten in Delhi oder Bombay Bypässe legen und künstliche Hüftgelenke einsetzen. Apollo-Chef Prathap C. Reddy sieht Indien mittlerweile auf dem Weg zum «Gesundheitszentrum für die Welt».

Wenn China zur verlängerten Werkbank der Welt geworden ist, dann entwickelt sich Indien zum globalen Kundentisch. Die Abwanderungen in Richtung Subkontinent haben ein Ausmaß angenommen, das sie zu einem ernsten Thema im amerikanischen Wahlkampf werden ließ. Wiederholt forderte Bushs Herausforderer John Kerry gesetzliche Maßnahmen gegen das exzessive Outsourcing insbesondere nach Indien. Dies war einer der Gründe, warum die Inder die Wiederwahl des Amtsinhabers mehrheitlich begrüßten.

Während die chinesische Öffnung aus einer inneren Logik heraus betrieben wurde, bedurfte die indische eines äußeren Anstoßes. Der Fall der Mauer und der folgende Zusammenbruch der Sowjetunion veränderten das Koordinatensystem auf dem Subkontinent. Noch in den achtziger Jahren schmückten sich viele indische Studenten mit sowjetischen Emblemen, am Revers die Anstecknadel mit Lenins Konterfei, auf dem Kopf die vielbesungene rote Mütze. An den Kiosken in (dem bis heute kommunistisch regierten) Westbengalen lag *Die Sowjetunion* aus, ein ins Bengali übersetztes Hochglanzmagazin, das den Indern die Trends aus Moskau näher brachte. Die Sowjetunion, das war unter den mächtigen Staaten der Erde Indiens bester Freund.

Viel hatten die beiden Staaten nicht gemeinsam, als der Subkontinent 1947 unabhängig wurde. Indien war demokratisch, kastenorientiert, religiös – die Sowjetunion diktatorisch, egalitär, atheistisch. Moskau dominierte die «Zweite Welt», Delhi schickte sich an, die «Dritte Welt» anzuführen. Und dann war da noch ein kleiner historischer Schönheitsfehler: Moskau stand im Krieg an der Seite Londons, das Indien kolonial unterdrückte. Aber über all diese Widersprüche und Hindernisse triumphierte die sozialistische Grundstimmung der indischen Freiheitsbewegung. Der antiimperialische Impuls Nehrus und der Führungsriege der Kongresspartei ließ die Zustände in Stalins Reich in mildem Licht erscheinen. Mit seinem Kalten Krieg gegen den kapitalistischen Westen schien der sowjetische Diktator schließlich auf die «richtige Seite», die der ausgebeuteten Entwicklungsländer, gewechselt zu sein. «Auch wenn Indien offiziell nie das Argument übernahm, dass die Sowjetunion der natürliche Verbündete der Dritten Welt in ihrem Kampf gegen den Westen gewesen ist, war dies eine Sichtweise, die vom größten Teil der indischen Intelligenzija geteilt wurde», bilanziert der indische Publizist Raja Mohan.

Das Auseinanderdriften der Kommunisten Russlands und Chinas Anfang der sechziger Jahre ließ Moskau und Delhi noch enger zusammenrücken. Schon in den fünfziger Jahren deutete sich im Kaschmirkonflikt die neue Konstellation an – nach dem indisch-chinesischen Grenzkrieg von 1962 war das eigenartige Machtgefüge dann für fast drei Jahrzehnte zementiert: Indien und die Sowjetunion standen der noch kurioseren Allianz Pakistans, Chinas und Amerikas gegenüber. Ausdruck der engen strategischen Partnerschaft zwischen Moskau und Delhi waren der Freundschaftsvertrag von 1971 und die sowjetische Unterstützung Indiens im Unabhängigkeitskrieg Bangladeschs. Delhi hielt Moskau sogar grummelnd die Treue, als die Rote Armee 1979 in Afghanistan einmarschierte und das sowjetische Reich bis fast an die indische Grenze ausdehnte.

In den Jahren der «speziellen Beziehungen» begleitete Moskau Indien auf dessen «selbstbestimmtem» Entwicklungsweg. Anders als in den «Coca-Cola-Ländern» Südostasiens (so ein indischer Minister in den sechziger Jahren) integrierte sich Indien nicht in den freien Weltmarkt, sondern in die Internationale der kommunistischen Planwirtschaften. Moskau half beim Aufbau autarker Industrien und bei der Entwicklung einer überbordenden Kontrollbürokratie. Die Rüstungsgüter stammten überwiegend aus der Sowjetunion, sogar die Öllieferungen aus dem Mittleren Osten wurden über Moskau und in Rubel abgewickelt.

Ein Teil dieses Erbes lebt fort. Bis heute schotten sich bestimmte Produktionszweige vom internationalen Wettbewerb ab, Arbeitnehmerrechte werden in Indien – zumindest in den klassischen Großindustrien – höher gehalten als in der Nachbarschaft, die Regierung in Delhi verabschiedet noch immer «Fünfjahrespläne». Beispiele für das bürokratische Phlegma und die labyrinthösen Entscheidungsfindungsstrukturen gibt es zuhauf. Obwohl die Inder seit mehr als fünfzehn Jahren über die Notwendigkeit sprechen, ihre Infrastruktur zu verbessern, vollzieht sich der Straßenbau bestenfalls im Schritttempo. Kein einziger Flughafenneubau ist bislang über das Planungsstadium hinausgekommen. Selbst einfache Kaufentscheidungen enden in ewigen Warteschleifen, wenn Staatsfirmen wie Air India oder Indian Airlines involviert sind. Auch kulturell hat die Sowjetunion in Indien überlebt. Das Klima der Muffeligkeit prägt die Behörden zutiefst. Auf den Obst- und Gemüsemärkten werden die Waren mit einer Lieblosigkeit feilgeboten, die nur einer langen Erfahrung mit dem kollektivistischen Wirtschaften entspringen kann. Viele Städte Indiens reflektieren zudem die Ästhetik des spätsozialistischen Architekturgeschmacks. Flache, schmuckfreie Zweckbauten prägen die Stadtbilder ebenso wie seelenlose Wohnsilos im Plattenbaustil.

Der Zusammenbruch des sowjetischen Imperiums löste in Delhi einen Schock aus. Nicht nur die indischen Kommunisten, auch große Teile der scheinbar ewig regierenden Kongresspartei verfielen «in tiefe Trauer», wie Mohan sich erinnert. Der spätere Außenminister der BJP, Jaswant Singh, hielt der Regierung Rao nicht zu Unrecht vor, «an alten Klischees zu kleben». Der Sieg des Westens und die sich beschleunigende Globalisierung zwangen beide Länder zu inneren Reformen und außenpolitischen Neuorientierungen. Das besondere Verhältnis bröckelte in dem Maße, wie sich beide Länder dem Westen zuwandten. Mit dem Besuch Jelzins im Jahr 1993 begann die Phase pragmatischer Beziehungen, in deren Mittelpunkt das Gas- und Ölgeschäft sowie die technologische Zusammenarbeit in der Rüstungs-, Nuklear- und Raumfahrtindustrie rückten. Im Rahmen des «Integrierten Militärtechnischen Kooperationsabkommens», das inzwischen bis ins Jahr 2010 verlängert wurde, entwickeln beide Länder Raketen und Kampfflugzeuge. Unlängst kaufte Indien den russischen Flugzeugträger Admiral Gorschkow, der zurzeit gemeinsam modernisiert wird. Auch helfen russische Ingenieure beim Bau von Atomkraftwerken.

Ein neues Bindeglied ist die Bedrohung durch den islamistischen Terrorismus geworden. Beide Länder nehmen für sich in Anspruch, die Gefahr lange vor dem 11. September 2001 – und damit vor Amerika und Europa – wahrgenommen zu haben: Indien in Kaschmir, Russland in Tschetschenien. So wie Delhi dem Westen lange Zeit vorgeworfen hat, die Rolle Pakistans und der von Islamabad unterstützten Glaubenskrieger in Indiens nördlichstem Bundesstaat zu unterschätzen, so kritisiert Putin die westliche «Doppelmoral» im Umgang mit tschetschenischen Rebellen. Trotz dieser Gemeinsamkeiten sind Indien und Russland heute nur noch Partner unter vielen. Mehr noch als Moskau streckt Delhi seine Fühler in andere Regionen aus, vor allem nach Amerika und China, aber auch nach Japan, Südostasien und in den Nahen Osten. Aus der Sicht Delhis verschiebt sich das Kräfteverhältnis langsam zu seinen eigenen Gunsten. Indien betrachtet sich selbst als werdende Großmacht – und Russland als schwindende.

Die zweite große Zäsur nach dem Kollaps des Ostblocks begann mit dem Besuch des amerikanischen Präsidenten Bill Clinton im März 2000. Indien, das wegen seiner Atomwaffentests im Jahr 1998 viel internationale Kritik schlucken musste, lernte aus der Visite, dass sich Machtdemonstrationen auszahlten. Jahrelang hatten in Delhi zwei Schulen miteinander gerungen. Die eine befürchtete, ein Atomwaffentest würde Washington dauerhaft gegen Delhi aufbringen und das Land letztlich in die Isolation führen. Die andere Denkrichtung, die sich schließlich unter dem neuen Premierminister Vajpayee durchsetzte, betrachtete den Test als Chance, endlich als ernst zu nehmender Faktor auf der internationalen Bühne respektiert zu werden. Nach zwei unangenehmen Jahren hatten die Inder mit Clintons kritischer, aber freundlicher Rede vor dem Parlament Gewissheit: Man war zu einem Land geworden, an dem selbst die Supermacht nicht mehr vorbeikam.

«Fünf verlorene Dekaden» – so hatte der damalige Außenminister Jaswant Singh kurz vor der Clinton-Visite das Verhältnis zu den Vereinigten Staaten im kleinen Journalistenkreis apostrophiert. Nun sollte alles aufgeholt werden, Indien ging in die Charmeoffensive. Die politischen Folgen der Terroranschläge vom 11. September 2001 erwärmten den bilateralen Frühling zusätzlich. Delhi mit seinen intimen Kenntnissen der islamischen Nachbarschaft wurde zu einem Verbündeten in Bushs «Antiterrorkrieg». Washington hob einen Teil der Sanktionen auf, die es nach dem Atomwaffentest gegen Indien verhängt hatte, und intensivierte die Kontakte. Getrübt wurde die Harmonie nur durch Pakistan, das die Bush-Regierung – sehr zum Verdruss Delhis – zum Schlüssel-Alliierten im Kampf gegen den Terrorismus aufwertete.

Amerika ist heute (knapp vor China und weit vor Großbritannien) Indiens größter Handelspartner. Die zwei Millionen

Inder, die in den Vereinigten Staaten leben, dienen als wichtige Bindeglieder. In den stets ausgebuchten Flugzeugen von Indien nach Europa sitzen vergleichsweise wenige Passagiere, die etwas in der Alten Welt zu tun haben – acht von zehn Passagieren fliegen in die Vereinigten Staaten weiter. Nichts hat in Indien einen besseren Klang als der Abschluss an einer amerikanischen Eliteuniversität, die Anstellung in einem großen amerikanischen Unternehmen oder wenigstens die enge Verbindung zu einem Verwandten in New York, Washington oder San Francisco.

Auch der politische Verkehr ist rege. Fast monatlich tauschen sich die Regierungen auf Abteilungsleiterebene in Delhi oder Washington aus. Im indischen Haushaltsjahr 2004/05 besuchten sich die Außenminister beider Staaten viermal gegenseitig und trafen ungezählte Male bei internationalen Veranstaltungen zusammen. Im Mittelpunkt des indischen Interesses steht dabei der von Amerika versprochene Technologietransfer im Rahmen der so genannten Nächsten Schritte der strategischen Partnerschaft (NSSP). Delhi interessiert sich für Amerikas Raketenabwehrschirm und eine Kooperation im nukleartechnologischen Feld. Nicht zuletzt verspricht sich Indien von guten Beziehungen zu Washington größere Chancen für einen ständigen Sitz im Weltsicherheitsrat.

Wenn Europäer nach Delhi reisen, beschwört die indische Regierung gerne den gemeinsamen Einsatz für die Vereinten Nationen. In Wahrheit liegt Delhi die robuste amerikanische Machtpolitik viel näher. Wie Amerika sieht sich Indien als Macht mit Hinterhof, in dem es selber für Ordnung zu sorgen hat. Delhi denkt gar nicht daran, das komplizierte Kaschmirproblem – wie oft von Pakistan gefordert – in die Obhut der UN zu geben. Resolutionen aus New York verhallten in Delhi stets ungehört. Auch das in Europa hochgehaltene Statut des

Internationalen Strafgerichtshofes wurde von Indien nicht unterzeichnet.

Das Beharren auf souveränen nationalen Entscheidungen richtet sich aber zuweilen auch gegen die Vereinigten Staaten. Mit Rücksicht auf seine Interessen im Mittleren Osten widerstand Indien dem Drängen Washingtons, Truppen in den Irak zu schicken. Das Wirtschaftswachstum von durchschnittlich 6 Prozent hat Indiens Bedarf an Energie stark ansteigen lassen. Seit Beginn der neunziger Jahre versucht das Land, seine klassischen Handelsbeziehungen mit den Ölstaaten am Golf neu zu fundieren. Explorationen und Pipelineprojekte wurden verhandelt. Die Zahl der indischen Gastarbeiter in der Region stieg auf 3,5 Millionen an, davon fast die Hälfte in Saudi-Arabien. Gleichzeitig pflegt Delhi seine Beziehungen zu Teheran. Inzwischen wird der Iran als wichtigste Bezugsquelle von Gas und Öl gehandelt. 40 Milliarden US-Dollar beträgt das Volumen des jüngsten indisch-iranischen Gasgeschäfts.

Dass Indien die Zeiten der Zimperlichkeit hinter sich gelassen hat, beweist es auch mit seiner neuen «Look East»-Politik. In der Annäherung an China, das schon bald zum wichtigsten Wirtschaftspartner aufsteigen wird, ist von Bedenken gegenüber einer Diktatur wenig zu hören. Gleiches gilt für den Fall Burma. Inmitten wachsender internationaler Verstimmung über die reformunfähige Militärjunta lud Manmohan Singh den «Ersten General» Than Shwe im Oktober 2004 zu einem viertägigen Staatsbesuch nach Indien ein und verhandelte Energiegeschäfte. Pragmatismus auch mit Nepal: Die Empörung über den Putsch von König Gyanendra hielt gerade mal zehn Wochen an, bis Singh den Monarchen im April 2005 auf einer Konferenz in Jakarta traf und ihm die Wiederaufnahme der ausgesetzten Waffenlieferungen zusagte.

Sorgenfrei verläuft das Näherrücken an die Kernstaaten der Asean. In Singapur, Jakarta und Bangkok ist erkannt worden, dass ein starkes Indien mittelfristig eine chinesische Dominanz in Asien verhindern helfen kann. Zwar befürchten die Südostasiaten Indien als Konkurrenz auf der Jagd nach Auslandsinvestoren, aber die strategischen Erwägungen und die Aussicht auf eine um mehr als eine Milliarde Menschen erweiterte gemeinsame Freihandelszone wiegen schwerer. Indien nimmt regelmäßig als Gast an Asean-Veranstaltungen teil und hat gute Chancen, im weiteren Integrationsprozess eine Rolle zu spielen. Auch mit Japan baut Delhi seine Beziehungen aus. Indien gehört zu den wenigen asiatischen Ländern, die mit der früheren Imperialmacht keine historische Rechnung offen haben. Die fast identischen Interessen bei der Absicherung der maritimen Handelswege in Asien werden gerne vom gemeinsamen Demokratieimpetus überhöht, woraus beim Indienbesuch Koizumis im April 2005 eine weitere «strategische Partnerschaft» erwuchs.

Der Aufstieg zu einer international anerkannten Großmacht war lange Zeit behindert von oft kleinlichen Streitereien in der unmittelbaren Nachbarschaft. Die sechs Staaten, die gemeinsam mit Indien das SAARC-Bündnis gegründet haben, standen immer im Schatten des Riesen. Sri Lanka wie Nepal, Pakistan wie Bangladesch (Bhutan und die Malediven spielten ihrer Winzigkeit wegen nie eine Rolle) waren bei allen Unterschieden dem kryptoplanwirtschaftlichen Entwicklungsweg Indiens gefolgt. Auch sie öffneten sich in den neunziger Jahren langsam. Der relative Gleichklang der gestaltenden regionalen Kräfte – von den Kongressparteien in Indien und Nepal über die Pakistanische Volkspartei bis hin zur Freiheitspartei Sri Lankas – garantierte gleichwohl keine reibungslosen Beziehungen. Der alles dominierende Konflikt mit Pakistan lenkte oft von den Auseinandersetzungen ab, die Delhi wegen offener Grenzfragen oder Wasserstreitigkeiten mit den anderen Nachbarn führte. Mit der militärischen Einmischung in den Tamilenkonflikt Sri Lankas zementierte Indien in den späten achtziger Jahren seinen Ruf als regionaler «Bully». Erst mit der Perspektive, zu einer weltweit respektierten Ordnungsmacht zu werden, mäßigte Delhi seine Politik im Umgang mit den unmittelbaren Nachbarn und bemühte sich, das Image des «hässlichen Inders» abzustreifen. Reibungslos entwickeln sich die Beziehungen bis heute nicht, aber seit dem andauernden Friedensprozess mit Pakistan kann Delhi behaupten, von zwar misstrauischen, aber nicht feindseligen Nachbarn umgeben zu sein.

Indiens regionale Vormachtstellung ist unbestritten. Mit einer Million Soldaten verfügt es über die zweitgrößte Armee Asiens. Auch was die Anzahl schwerer Waffen angeht, wird es auf dem Kontinent nur von China übertroffen. Das Militär besitzt einsatzfähige Mittelstreckenraketen mit Nuklearkapazität; entsprechende Langstreckenraketen sind in der Entwicklung. Die große, aber veraltete Luftwaffe mit fast 800 Kampfflugzeugen wird derzeit modernisiert. Die Möglichkeiten ihrer Marine (27 Fregatten, 16 U-Boote) stellten die Inder nach dem Tsunami eindrucksvoll unter Beweis: In kürzester Zeit gingen Kriegsschiffe mit mehreren tausend Mann Besatzung vor Sri Lanka, den Malediven und sogar Indonesien vor Anker. Glaubt man den Generälen in Delhi, wird die Flotte in Kürze auch seegestützte Nuklearraketen an Bord nehmen. Obwohl die kongressgeführte Regierung im Jahr 2004 für ihre Sozialprogramme gewählt wurde, erhob sich keine Kritik, als sie in ihrem ersten Haushaltsentwurf das Verteidigungsbudget – inmitten des Friedensprozesses – um 8 Prozent auf fast 20 Milliarden US-Dollar anhob.

In nur fünfzehn Jahren hat sich Indien eine Position erarbeitet, in der es seinen Einfluss nun solide ausbauen kann. Von allen Anwärtern auf einen ständigen Sitz im UN-Sicherheitsrat schlägt Indien die größte Sympathie entgegen. Eine höhere Repräsentanz des aufstrebenden Milliardenvolkes gilt als natürlich. Nicht von ungefähr schwankt Delhi zuweilen, ob das Zusammengehen mit den Bewerbern aus Deutschland, Brasilien und Japan die eigenen Chancen nicht eher schwächt. Aber selbst wenn die UN-Ambitionen fehlschlagen sollten, wird sich Delhi auf seinem Weg an die Sonne nicht beirren lassen. «Indien ist eine aufstrebende Macht, das ist eine unverrückbare Realität», diktierte der einflussreiche Ölminister Mani Shankar Aiyar deutschen Journalisten Ende des Jahres 2004 in den Block.

In politischen Kreisen wurde unlängst ein Essay des früheren britischen Vizekönigs Lord Curzon aus dem Jahr 1909 wiederentdeckt, der die Bestimmung Indiens in einem fast historischen Licht erscheinen lässt. Unter dem Titel «Indiens Platz im Imperium» würdigte der frühere Herrscher die «kostbaren Vorteile» des Subkontinents: «seine zentrale Lage, seine großartigen Ressourcen, seine wimmelnde Vielzahl von Menschen, seine Reserve militärischer Stärke». Curzons Schlussfolgerung erinnert an die Rhetorik der heute in Indien Regierenden: «Es ist offensichtlich, dass Meister Indien unter modernen Bedingungen die größte Macht auf dem asiatischen Kontinent werden muss – und deshalb, sei angefügt, in der Welt.»

ZAUNGAST EUROPA

ABSEITS · Auf dem politischen Ponyhof

Während Asiaten und Amerikaner mit schweren Stiefeln die Welt der Zukunft vermessen, tänzeln die Europäer in Lackschuhen über die Heimatbühne. Ohne es zu merken, haben sie sich im Denken und Handeln in die Peripherie verabschiedet; selten zuvor war ihr Diskurs so isoliert. Fixiert auf die eigenen Schwierigkeiten – die Rettung des Wohlfahrtsstaates und die Fliehkräfte der Integration –, übersehen sie die Formierung einer neuen Welt mit anderen Interessen und Paradigmen. Im Gespräch mit asiatischen und amerikanischen Außenpolitikern dauert es keine zehn Minuten, bis die Entstehung zweier Großmächte und ihre Folgen für den Erdball thematisiert werden. Europäische Außenpolitiker beschäftigt hingegen die EU und bestenfalls noch das schwierige Verhältnis zu Amerika.

Erst seit den neunziger Jahren ist Asien überhaupt Gegenstand zaghafter strategischer Überlegungen. Großbritannien und Frankreich hatten ihre ehemaligen Kolonialgebiete nie ganz aus dem Blick verloren, engagierten sich aber traditionell mit flachem Profil. Die anderen Europäer wurden erst vom Apec-Prozess aufgeschreckt, der die «pazifische Welt» plötzlich als Gegenpol zur atlantischen sichtbar machte. Spät willigten sie in ein asiatisch-europäisches Gipfeltreffen ein, das sich schließlich unter dem Titel «Asem» institutionalisierte. Doch der große Durchbruch blieb aus. Trotz gewisser Aufwertungen sind die alle zwei Jahre einberufenen Asem-Gipfel weit davon entfernt, die internationale Aufmerksamkeit und die innere Dynamik der jährlichen Apec-Treffen zu erreichen.

Deutschlands und Europas Sicht auf Asien ist bis heute ökonomisch dominiert. Im ersten «Asien-Konzept» der Bundesregierung aus dem Jahr 1993 wurde der Kontinent überwiegend als Absatzmarkt definiert, gewissermaßen als erfreulicher Annex Europas. Das überarbeitete Konzept aus dem Jahr 2002 bemühte sich dann erstmals, Asien politisch ins Visier zu nehmen. Unter dem Eindruck des 11. September 2001 wurden Risiken der religiösen Radikalisierung und der Proliferation erwähnt. Die Autoren definierten die Krisenherde, die auch für Europa relevant werden könnten, und bezeichneten Ostasien als «zentrales Element der globalen Außen- und Sicherheitspolitik Deutschlands und der EU». Was daraus folgen sollte, blieb allerdings im Ungefähren.

In Deutschland obliegen die Analyse der asiatischen Entwicklungen und die Definition deutscher Interessen auf dem Kontinent einer Schar von Experten, die sich in der Regierung und in beratenden Institutionen befinden. Viele sind es nicht. Der Leiter der Deutschen Gesellschaft für Auswärtige Politik, Eberhard Sandschneider, beklagt, dass es nicht einmal eine Hand voll Lehrstühle in Deutschland gibt, an denen gegenwartsbezogen über Asien geforscht wird. Entsprechend gering sind das Interesse und der Kenntnisstand im politischen Betrieb. Politiker wie Helmut Schmidt oder Otto Graf Lambsdorff, die aufgrund langjähriger Kontaktpflege asiatische Entwicklungen vor einem weltpolitischen Hintergrund analysieren können, sind heute praktisch nicht mehr zu finden. Das deutsche Unverständnis über den zukunftsträchtigsten Teil der Welt ist in den Worten des langjährigen Direktors der Stiftung Wissenschaft und Politik, Christoph Bertram, «überwältigend».

Kein maßgeblicher Außenpolitiker, weder Joschka Fischer noch Wolfgang Schäuble, hat Asien als ernsthafte Herausforderung auf dem Radarschirm. Der liberale Außenpolitiker Wolfgang Gerhardt bemängelt zwar «eine lange Tradition des Verzichts auf strategische Lagebewertung» und kritisiert, dass Deutschland, «statt ein Konzept zu entwickeln, nach Asien hineinstolpert» – aber wie so ein Konzept in seinen Grundzügen beschaffen sein könnte, lässt auch er offen. In der ersten Reihe der deutschen Politik hat wohl nur Gerhard Schröder ein Gefühl dafür entwickelt, dass die Entwicklungen in Asien den Westen substanziell angehen; einem klaren Kurs folgte aber auch seine Politik nicht.

Die quantitativ größte Asienexpertise sitzt bezeichnenderweise im Ministerium für Entwicklungshilfe. Unter dem wohlklingenden Titel der «wirtschaftlichen Zusammenarbeit» transferieren die Hauptstädte Europas Milliarden nach Asien. Wenn Länder wie Indien die Hilfe mit Verweis auf die positive Entwicklung im eigenen Lande ablehnen, sind die professionellen «Geber» nicht etwa erfreut, sondern schockiert: Es droht das Mittelabflussproblem einer aufgeblähten Helferbürokratie. Während Kohorten von Entwicklungsexperten und NGO-Mitarbeitern darüber nachdenken, wie den Asiaten trotz schwindender Bedürfnisse geholfen werden kann, denkt kaum jemand darüber nach, was der Aufstieg des Kontinents für Europa bedeutet. Das Auswärtige Amt unterhält zahlreiche Sonderarbeitsstäbe für humanitäre Hilfe und Ähnliches, aber nicht eine einzige Planungsgruppe, die sich mit geopolitischen Verschiebungen befasst. «Offiziell fehlt das Personal», erklärt dies ein hoher Diplomat, «aber es fehlt auch der Sinn für die Notwendigkeit.»

Deutschland ist keine Ausnahme. Kaum ein Nachbarland guckt über den europäischen Rand hinaus. Nur in der britischen Öffentlichkeit werden Entwicklungen in Asien breit diskutiert – die beachtlichen Korrespondentennetze der *Financial Times*, des *Economist* oder der *BBC* tragen dazu maßgeblich bei. Ein Ausdruck des kontinentaleuropäischen Desinteresses ist die Neigung in den Hauptstädten, zu Asien-Konferenzen die zweite Garnitur zu schicken. Das ist auf der weniger offiziellen Ebene nicht anders. Veranstalter von interregionalen Seminaren beklagen immer wieder, wie schwierig es ist, kompetente Diskussionspartner aus Europa zu finden und zu verpflichten.

Das eingeschränkte Sichtfeld ist nicht zuletzt die Folge einer traditionsreichen Selbstbezüglichkeit. Seit der Antike betrachtet sich Europa als Dreh- und Angelpunkt der Geschichte. Selbst als die europäische Epoche der amerikanischen wich, blieb der alte Kontinent im Zentrum des Weltgeschehens. Die drei großen Kriege des vergangenen Jahrhunderts hatten europäische Wurzeln: Es war der europäische Nationalismus, der den Ersten Weltkrieg begünstigte, und der deutsche Faschismus, der den Zweiten auslöste. Selbst der Kalte Krieg, dessen Protagonisten außerhalb Europas – in Moskau und Washington – regierten, nistete in europäischer Geschichte und Philosophie; die Berliner Mauer war sein Symbol. Dass dieses Europa, das der Welt über so lange Zeit den Stempel aufgedrückt hat, seine Prägekraft verlieren und vom Zentrum an den Rand rücken soll, sprengt schlicht die Vorstellungskräfte in der Alten Welt. Hegels Diktum, dem zufolge «Europa schlechthin das Ende der Weltgeschichte ist», scheint ein ehernes Leitmotiv europäischen Denkens zu sein.

Die heutigen Nabelphantasien nähren sich aus einer ungewöhnlichen Form des Selbstbewusstseins. An die Stelle politischer und militärischer Vormacht ist in den vergangenen Jahrzehnten ein Bewusstsein historisch-moralischer Überlegenheit getreten. Der Erfolgsgeschichte der europäischen Integration – Aussöhnung, Stabilität, Demokratie und Prosperität – wohnte durchaus der Anspruch inne, Modell für die Welt zu stehen. Die europäischen Lehren aus der kriegerischen Vergangenheit schienen eine geradezu universelle Ausstrahlung zu besitzen: Nationalismus wurde durch Souveränitätsverzicht ersetzt, Machtpolitik durch Selbstbescheidung, das Recht des Stärkeren durch die multilaterale Idee. Auf eine neue – diesmal vorbildhafte – Art wähnt sich Europa weiterhin im Weltmittelpunkt.

Nur wenigen ist bewusst, dass dem modernen Eurozentrismus eine gehörige Portion Provinzialität innewohnt. Das Brüsseler Projekt mag den nationalen Blick erweitern, den internationalen hat es verengt. Teils berauscht von den unbestreitbaren Leistungen der vergangenen Jahrzehnte, teils frustriert von den ebenso offenkundigen Rückschlägen der Integration, gerieten strukturelle Verschiebungen jenseits der europäischen Grenzen aus dem Sichtfeld. Nicht nur die Entstehung neuer Großmächte, auch das Aufkommen des politischen Islam und die Gefahren der nuklearen Aufrüstung wurden lange Zeit ignoriert. In besonderer Weise gilt dies für jene Entwicklung, die Europa an seinem Nerv trifft: die Renaissance traditioneller Macht- und Interessenpolitik.

Erst spät entdeckte Europa, dass sich die «amerikanischen Freunde» im vergangenen Jahrhundert nicht aus purer Brüderlichkeit in der Alten Welt engagiert hatten, sondern aus handfesten strategischen Gründen. Als der alte Kontinent nach dem Ende des Kalten Krieges an Bedeutung verlor, lockerte Washington die Bindungen und konzentrierte sich stärker auf die Weltregionen, in denen es nun seine Interessen bedroht sah. Auch wenn die transatlantische Entfremdung mit dem Namen George W. Bush verbunden bleiben wird – angefangen hat sie lange vorher. Es waren die acht Clinton-Jahre, in denen Amerika seine Beiträge an die Vereinten Nationen schuldig blieb, sich gegen den Internationalen Strafgerichtshof und globale Umweltschutzmaßnahmen aussprach sowie einen Krieg gegen Serbien ohne UN-Mandat begann.

Bis heute hält sich der Glaube in europäischen Hauptstädten, dass der amerikanische Bruch mit dem multilateralen Wertesystem ein Betriebsunfall ist, der spätestens mit Bushs Nachfolger vergessen sein wird. Dass es sich umgekehrt verhalten könnte – und vielleicht die von Europa und Amerika getragene Periode des Multilateralismus als historisches Übergangsphänomen gesehen werden muss –, kommt nur wenigen in den Sinn. Weil nicht sein kann, was nicht sein darf, werden auch die Entwicklungen in China und Indien selektiv und somit unvollständig wahrgenommen. Kein europäischer Besucher in Peking oder Delhi verzichtet auf das im Duett vorgetragene Bekenntnis zu den Vereinten Nationen und den Prinzipien des Völkerrechts. Dass sich die beiden Großmächte aber – ähnlich wie Amerika – des Systems nur dort bedienen, wo es ihnen nützt, wird gerne übersehen. Die simple Einsicht, an die der amerikanische Autor Robert Kagan in seinem Essay «Macht und Ohnmacht» erinnert hat, ist in Europa nicht verinnerlicht: dass der Multilateralismus attraktiv ist für die Schwachen, aber eher lästig für die Starken. Nichts beschrieb die neuen Realitäten brutaler als George W. Bushs höhnische Reaktion auf Gerhard Schröders Forderung, das Völkerrecht zu achten: «Internationales Recht? Da rufe ich wohl besser meinen Anwalt an.»

Respektiert und auch gefürchtet wird Europa nach wie vor als Wirtschaftsblock. Europäische Produkte und

Investitionen spielen international eine gewichtige Rolle, im Rahmen der Welthandelsorganisation tritt Europa auf Augenhöhe mit Amerika auf. Die anhaltende Wachstumsschwäche, die nicht nur nach Meinung von Defätisten in eine Dauerrezession übergehen könnte, droht das ökonomische Polster jedoch langsam aufzuzehren. Als politischer, gar militärischer Machtfaktor ist Europa schon heute eine Quantité négligeable. Seine Präsentation als Friedensengel und Krisenpräventionsspezialist stößt grundsätzlich auf Wohlwollen, bleibt aber weitgehend wirkungslos. Weder im Nahen Osten noch in den großen Konflikten Asiens ist ein Vermittler gefragt, der am Ende kein Ergebnis absichern kann. Außerhalb der Alten Welt ist durchaus registriert worden, dass Europa selbst im balkanischen Hinterhof unfähig zum Handeln war und nur mit amerikanischer Hilfe die Kraft und Einigkeit fand, Ordnung zu schaffen. Dass das «alte Europa» – immerhin die Mehrheit in der EU – Amerikas Irakpläne nicht im Geringsten beeinflussen konnte, trug ebenfalls wenig zu seinem Ansehen bei. Auch die stolz herausgestellte Beteiligung an der Schutztruppe für Afghanistan wird international als das wahrgenommen, was sie ist: als Ornament eines robusten amerikanischen Kampfeinsatzes.

Europa überlässt Amerika nicht nur das Management der großen Konflikte, sondern auch den Kampf gegen Terrorismus und nukleare Proliferation. Wo die Vereinigten Staaten mit Special Forces und Geheimdienstmitarbeitern islamische Extremisten jagen – von den Philippinen über Thailand bis nach Afghanistan –, schaffen die europäischen Botschaften Planstellen für Islam-Beauftragte, die sich um den «interkulturellen Dialog» verdient machen. Wo sich Washington bemüht, die asiatischen Atomschmugglerringe auszuheben, belustigen sich Europäer über die «Paranoia» des amerikanischen Präsidenten. Dass Pakistan unter anderem Zentrifugen nach Libyen liefern wollte – immerhin ein Nachbarland der EU –, erfuhr in Europa nur wenig Aufmerksamkeit.

Das Nichtengagement der meisten europäischen Staaten spiegelt die Haltung ihrer Bürger wider. Von Berlin bis Paris, von Rom bis Stockholm wähnen sich die Menschen in einer vergleichsweise sicheren Welt. Trotz der Bombenanschläge in Madrid und London ist ihr vordringliches Bedrohungsgefühl nicht existenzieller, sondern (post-)materialistischer Natur. Was die meisten Europäer bewegt, ist die Angst vor sozialem Abstieg oder «Überfremdung», vor dem Verlust lieb gewonnener Strukturen oder vor Gesundheitsrisiken durch Umweltverschmutzung. Unmittelbare Gefahren für Leib und Leben – Terroranschläge, Angriffe mit Massenvernichtungswaffen, Eskalationen nuklearer Konflikte – fürchten erstaunlich wenige. Darin unterscheiden sich die Europäer von fast allen anderen Völkern auf der Welt.

Die Kritik der Amerikaner, Europa komme seinen Bündnispflichten nur unzureichend nach und investiere zu wenig in das militärische Instrumentarium, reflektiert ein tiefes Unverständnis über das europäische «Mindset». Mit fast allen Hauptstädten der Welt weiß sich Washington einig, dass die Sicherheitslage des beginnenden 21. Jahrhunderts größere Anstrengungen verlangt. Nur Europa betont andere Prioritäten. Selbst Politiker, die Verständnis für die amerikanische Position äußern, verweisen in Hintergrundgesprächen auf die Unmöglichkeit, etwa höhere Rüstungsausgaben in ihren Ländern durchzusetzen. Während in Demokratien wie Amerika, Australien oder Indien Investitionen in die Verteidigungsfähigkeit ähnlich hoch angesehen sind wie Sozialprogramme oder Bildungsoffensiven, brauchte eine europäische Partei, die sich beispielsweise für eine Aufstockung des Wehretats einsetzte, erst gar nicht zu den Wahlen anzutreten. Symptomatisch für die europäische Haltung war die Reaktion der Spanier auf den Bombenanschlag in ihrer Hauptstadt, der von islamistischen Terroristen ausgeführt wurde. Statt bei den unmittelbar folgenden Parlamentswahlen José Aznar zu bestätigen, der sich den Kampf gegen den muslimischen Extremismus auf die Fahnen geschrieben hatte, wählten sie den sanften Zapatero, der seinen Landsleuten den Ausstieg aus dem Irakkrieg und damit aus der Allianz mit Bush versprochen hatte. Spanien war angegriffen worden – und antwortete mit Rückzug.

Eine historische Kultur der Traumtänzerei wird man den Europäern nicht unterstellen können. Jahrhundertelang kreiste ihr Denken – und mehr noch ihr Handeln – um sehr bodenständige Interessen: Macht, territorialer Zugewinn, ökonomische Expansion. Kagans provokatives Verdikt, Europa sei von der Liebesgöttin Venus geküsst, lässt sich sicher erst im Blick auf die jüngste Geschichte des Kontinents begründen. Die Alte Welt hat dem Kriegsgott Mars länger gehuldigt als irgendeine andere Region. Dass die heute aktiven Generationen vergleichsweise sorglos in die Welt blicken, ist das Ergebnis der vergangenen sechs Dekaden.

Die quälend lange Bedrohung durch einen Dritten Weltkrieg, der zum Glück nicht kam, führte vor allem in Deutschland zu einer gewissen Ermüdung, ja Abstumpfung. Wer Tausende sowjetischer und amerikanischer Nuklearraketen in seiner Nähe überlebt hat, will nicht ein paar durchgeknallter Mullahs wegen in Panik ausbrechen. Die ungewöhnlich ausdauernde Phase von Frieden und Wohlstand hat aber auch eine Reihe anderer Reflexe außer Kraft gesetzt. Der Generation der Erben und Staatshilfeempfänger ist zuweilen das Bewusstsein abhanden gekommen, dass Frieden und Wohlstand im Normalfall hart erarbeitet werden müssen, dass Rivalität ein gestaltendes Prinzip der Geschichte bleibt, kurz: dass die Welt kein Ponyhof ist.

Nicht von ungefähr widmen sich immer mehr Autoren der Frage, warum den heute aktiven Generationen das Erwachsenwerden so schwer fällt. All diese Bücher, von Claudius Seidls *Schöne junge Welt* über Sascha Lehnartz' *Global Players* bis hin zu Paul Noltes *Generation Reform*, kreisen um das Phänomen gesellschaftlicher Infantilität. Der sorglose Hedonismus mündet nicht unweigerlich in Ignoranz; an einem Interesse für das Leben außerhalb der eigenen Sphäre, für ferne Länder und fremde Welten, mangelt es mitnichten. Im Gegenteil: Die vergleichsweise wohlhabenden und gebildeten Europäer lesen viel und reisen noch mehr. Weder in Amerika noch in Asien herrscht ein ähnlich breites Wissen über fremde Weltregionen. Nimmt man aber erneut den Buchmarkt als Maßstab, fasziniert die Europäer an Asien vor allem Kultur und Religion sowie Tourismus und Küche.

Wer sich Asien politisch nähert, tut dies meist aus einer Perspektive gut gemeinten Mitleids: Gesehen werden Hunger, Armut, Unterdrückung. Die unzähligen Nichtregierungsorganisationen, die sich zu Asienaktivitäten zusammengefunden haben, kümmern sich um Reisprojekte in Bangladesch, engagieren sich gegen Kinderarbeit in Indonesien und Prostitution in Kambodscha, sie sammeln Unterschriften gegen Menschenrechtsverletzungen in Tibet oder fordern einen Schuldenerlass für Sri Lanka. Dass es vielleicht nicht Asien ist, um das man sich sorgen muss, sondern Europa, ist bis heute ein Gedanke, der Verblüffung provoziert.

AUSBLICK

Zu den wenigen Politikern Europas, die Asien in seiner ganzen Dimension wahrnehmen, gehört der britische EU-Handelskommissar Peter Mandelson. Im April 2005 sagte er in Singapur: «Der wirtschaftliche und strategische Einfluss Asiens auf die Welt muss meine europäischen Kollegen aufschrecken und darüber nachdenken lassen, was hier gerade passiert.» Asien erlebe eine «wirtschaftliche Revolution von atemberaubenden Ausmaßen», die «die Welt seit der Öffnung der Vereinigten Staaten und der Industrialisierung Deutschlands am Ende des 19. Jahrhunderts nicht mehr gesehen hat». Nicht im Aufstieg Asiens liege die Gefahr für die Zukunft, sagte er, sondern in der «Insichgekehrtheit und Ängstlichkeit Europas». Nur ein Europa, das «nach außen guckt und sich stärker auf der Weltbühne engagiert», könne seiner «Marginalisierung» entgehen.

Wie könnte ein solches «Engagement auf der Weltbühne» aussehen? Hat Europa überhaupt die nötigen Kapazitäten? Und wenn nicht – was können die einzelnen Nationalstaaten tun, um ihren Platz in der neuen Welt zu finden?

Die Gegenüberstellung der asiatischen Herausforderungen mit den europäischen Realitäten lässt wenig Raum für Optimismus. Von den Ungemütlichkeiten, die die Asiaten für uns bereithalten, ist der Druck auf die europäische Wirtschaft und ihre Sozialstandards nur die offenkundigste. Mit ihrer wachsenden Präsenz werden auch asiatische Denk- und Verhaltensweisen ausgreifen. Ob der internationale Diskurs in zwei oder drei Jahrzehnten noch «westlich» geprägt sein wird, steht dahin. Vollständig wird ihm möglicherweise nur noch folgen können, wer Chinesisch spricht und mit der Lehre von Konfuzius oder dem Ramayana vertraut ist. Sind wir auf die neuen Prioritäten eingestellt, die mit Asiens Erfolgen in den internationalen Vordergrund rücken werden? Sollen wir versuchen ihnen eigene entgegenzusetzen?

Die materiellen Begehrlichkeiten der aufstrebenden Gesellschaften werden zunehmend mit unseren Bedürfnissen konkurrieren: Wasser, Gas, Öl – alles muss für mehr Menschen reichen. Ist Europa auf diese Rivalitäten vorbereitet?

Mit der Industrialisierung Asiens steigen nicht nur Rohstoffpreise, sondern auch globale Umweltbelastungen. Welche Mittel haben wir in der Hand, den rasant wachsenden CO_2-Ausstoß boomender Massenvolkswirtschaften zu senken?

Während sich neue Verteilungskämpfe und soziale Spannungen abzeichnen, klingen die klassischen Konflikte nicht ab. Befeuert werden die Krisenherde in Taiwan, Korea und Kaschmir von einem vitalen Nationalismus, der im Kern irrational ist. Eskalationen in Asien drohen nicht nur die für Europa lebenswichtigen Absatzmärkte und Produktionsstätten in Asien zu erschüttern, Angriffe auf Amerika – etwa der chinesischen Volksbefreiungsarmee – würden auch die europäischen NATO-Staaten betreffen. Verfügen wir über Möglichkeiten, die politischen Entwicklungen in Asien in unserem Interesse zu steuern?

Aus Angst oder auch einfach nur auf der Jagd nach einem

Platz an der Sonne werden sich immer mehr Länder bemühen, in den Besitz von Massenvernichtungswaffen zu kommen. Dabei stärkt die nukleare Weiterverbreitung nicht nur Staaten, denen Europa misstrauen sollte – sie droht auch Terrorgruppen in den Stand zu setzen, ungeahntes Unheil anzurichten. Sind wir gegen Bedrohungen dieser Art gewappnet?

Die Dynamik Asiens ist polymorph. Sie fordert den Westen auf allen Ebenen heraus: wirtschaftlich, sozial, kulturell, diplomatisch und sicherheitspolitisch. Europa hat bislang nur ökonomisch Witterung aufgenommen. Noch überwiegt die Sichtweise, die «Revolution» – dort, wo sie überhaupt wahrgenommen wird – als «Chance» zu begreifen. Dass die Vereinigten Staaten als Europas traditionell wichtigster Wirtschaftspartner von Asien eingeholt wurden und am Ende des Jahrzehnts von China allein übertroffen sein werden, gilt vielen als Zeichen eines positiv verlaufenden Welthandels. Zweifellos bieten Märkte mit langfristigen Wachstumsraten zwischen 5 und 9 Prozent enorme Gewinnmöglichkeiten für entwickelte Volkswirtschaften wie die europäischen. Dass aber diese neuen Märkte zugleich die Arbeits- und Lebensbedingungen global verändern werden, ist ein Prozess, vor dem viele noch die Augen verschließen.

Erst langsam sickert ins Bewusstsein, dass nicht nur die Exporterfolge mit dem Aufstieg Asiens zu tun haben, sondern auch die Strukturkrisen, die Europa in unterschiedlichen Ausmaßen erfasst haben. Der Drang europäischer Unternehmen, Abteilungen und Produktionsstätten ostwärts zu verlagern, mag zu Hause Arbeitsplätze sichern helfen – unter dem Strich kostet er welche und erhöht den Druck auf die Sozialsysteme. Ähnlich zweischneidig verhält es sich mit den Übernahmen europäischer Unternehmen durch asiatische Konzerne. Wenn der taiwanische Elektronik-Riese Benq die Handy-Sparte von

Siemens aufkauft, ist das zunächst eine begrüßenswerte Investition in den deutschen Standort. Wer aber glaubt, dass die Arbeitnehmer in Kamp-Lintfort, München oder Leipzig unter einem taiwanesischen Chef dauerhaft zu bundesrepublikanischen Bedingungen produzieren werden, könnte sich irren.

Die Beteuerungen europäischer Politiker, sich nicht dem «Raubtierkapitalismus» amerikanischer oder asiatischer Prägung zu beugen, können nicht darüber hinwegtäuschen, dass dieser Anpassungsprozess längst begonnen hat. Die gewohnten Absicherungen bröckeln, die Verantwortung des Einzelnen wächst, Arbeitsplatzsicherheit existiert nur noch auf dem Papier. Die Einkommensschere öffnet sich weiter. Selbst den europäischen Unternehmern weht ein eisigerer Wind um die Nase. Die neue Aktionärskultur in Europa verschleißt inzwischen mehr Firmenbosse als in Amerika. Während die durchschnittliche Verweildauer geschasster CEOs in den Vereinigten Staaten bei fünf Jahren liegt, sind europäische Unternehmenschefs zum Zeitpunkt ihrer Entlassung nur durchschnittlich zweieinhalb Jahre im Amt gewesen.

Fast unbemerkt passen sich die Lebensverhältnisse, Arbeitsnormen und Sozialstandards der drei großen Wirtschaftsräume einander an. Wo die europäischen Sozialstaaten versuchen, den Abstieg der Massen mit Unterstützungen und Alimentierungen aufzufangen, geraten sie in die Schuldenfalle. Nicht nur in den Regierungsbüros, auch in der Bevölkerung gärt die Erkenntnis, dass die Systeme der sozialen Sicherung auf Dauer keinen Schutz mehr bieten können. Der langsame Abbau der Wohlfahrtsstaatlichkeit, der in unterschiedlichen Graden ganz Europa heimsucht, ist nur der erste Schritt in Richtung einer langfristigen weltweiten Nivellierung. Noch sind «asiatische Verhältnisse» ein Schreckenswort, aber in dem Maße, in dem die Armen Asiens reicher werden und die Armen Europas ärmer, könnte sich das ins Gegenteil verkehren. Schon heute reagiert das offizielle China auf (menschenrechtspolitische) Belehrungen aus dem Westen mit der Retourkutsche, man sehne sich auch seinerseits nicht unbedingt nach (wirtschaftlichen) «Zuständen wie in Deutschland».

Das Leitbild des «Rheinischen Kapitalismus» – Wohlstand und Vollbeschäftigung, Korporatismus und soziale Kohäsion – wird in Zukunft womöglich nur noch von kleinen Gesellschaften verwirklicht werden können, die leicht zu steuern sind und sich neuen Entwicklungen rasch und intelligent anpassen können: Länder wie Finnland und die Schweiz, Singapur oder Malaysia. Größere und unbeweglichere Staaten erwartet mehr Ungleichheit, mehr Desintegration. Dass Deutschland, Frankreich oder Italien in den kommenden Jahren den Abstiegstrend umkehren und international in die Offensive gehen könnten, darf als unwahrscheinlich gelten. Wenn die Flächenstaaten Europas gut regiert werden, können sie es wohl bestenfalls schaffen, ihre derzeit immer noch ansehnlichen Mittelplätze zu verteidigen.

Während die europäischen Regierungen die Bürger beruhigen, ihr Lebensstandard sei nicht ernsthaft gefährdet, wächst in den politischen Hinterzimmern die Unruhe. Schon im Jahr 2000, als Europa noch vergleichsweise optimistisch in die Zukunft blicken konnte, begannen sich die EU-Führer ihrer wirtschaftlich volatilen Lage bewusst zu werden und einigten sich in Lissabon auf eine «Zukunftsstrategie». Unter anderem mit mehr Investitionen in Bildung, Wissenschaft und Forschung sowie neuer ökonomischer Dynamik sollte die Union binnen weniger Jahre wieder die «wettbewerbsfähigste Region der Welt» werden. Mehr als vier Jahre später fiel die Bilanz mehr als kläglich aus. Der frühere Kommissionspräsident

Prodi bezeichnete das Projekt als «Fehlschlag». Der Vorsitzende der Überprüfungskommission, Wim Kok, begründete die «enttäuschende Umsetzungsbilanz» mit den Worten: «Eine überfrachtete Agenda, eine mangelhafte Koordinierung, miteinander konkurrierende Prioritäten, vor allem aber mangelt es an entschlossenem politischen Handeln.»

Obwohl die EU auf keinem Feld tiefer integriert ist als auf dem der Wirtschaft, fehlen der nötige Gemeinschaftssinn und das Bewusstsein für den Ernst der Lage. Gemeinsame Vorzeigeprojekte wie der Airbus oder das Galileo-System zeigen zwar, wie erfolgreich ökonomisch gebündelte Kräfte sein können, aber in die Breite wirken sie kaum. Nicht nur auf den Weltmärkten treten die Europäer in der Regel als Konkurrenten untereinander auf – auf eigenem Terrain verhalten sie sich nicht anders. Länder wie Deutschland, Frankreich und Italien, deren ökonomische Misere die ganze Eurozone in Mitleidenschaft zieht, sehen sich an ihre jeweiligen nationalen Prioritäten gebunden. Geld, das dringend in Forschung und Wissenschaft gesteckt werden müsste, fließt in die Sanierung der maroden Wohlfahrtssysteme. Versuche, die Arbeitswelt flexibler zu gestalten, münden in immer neuen Bürokratien, wie die zur Verwaltung der deutschen Hartz-Agenda. Die überfällige Neuausrichtung des subventionsfetischistischen EU-Haushaltes, der zur Hälfte der Minderheit der Bauern zugute kommt, scheitert an einer falsch verstandenen Sozialpolitik in Paris und Berlin.

Noch weniger handlungsfähig sind die Europäer, wo es um die Vertretung ihrer außenpolitischen Interessen geht. Den meisten ist klar, dass nur ein geeintes Europa in der Lage wäre, dem Kontinent dauerhaft globalen Einfluss zu sichern. Vergleichsweise kleine Nationalstaaten haben nicht genügend Kraft, im Spiel der großen Mächte ihre Interessen durchzusetzen – weder bei der Eindämmung bedrohlicher Ideologien noch bei der Beilegung von Konflikten, weder im Kampf um die knapper werdenden Ressourcen noch in der Absicherung der für sie wichtigen Wirtschaftsräume des Ostens. Obwohl die Staaten Europas ökonomisch in beachtlicher Weise von einem politisch stabilen Asien abhängen, besitzen sie in der Region nicht die geringsten Einfluss- und Steuerungsmöglichkeiten; einer denkbaren Eskalation zwischen China und Japan müssten sie so hilflos zusehen wie im Sommer 2002 dem Konflikt der Nuklearmächte Indien und Pakistan. Dass Europa weltpolitisch so wenig Gewicht auf die Waage bringt, schwächt auch seine wirtschaftlichen Möglichkeiten. Dort, wo europäische Länder mit Großmächten um Aufträge konkurrieren, stellen sich immer wieder bittere Erfahrungen ein. Als Delhi seine Air-India-Flotte aufrüsten wollte, wähnten sich die Vertreter des europäischen Airbus-Konsortiums ziemlich sicher, einen Zuschlag zu bekommen. Ihre Offerte war technisch und finanziell attraktiver. Die Fluggesellschaft entschied sich aber auf Druck aus Delhi für das Angebot des amerikanischen Boeing-Konzerns. Im Außenministerium verriet man hinter vorgehaltener Hand gerne, dass eine «Geste» gegenüber Washington fällig war und Amerika «strategisch einfach mehr zu bieten hat» – nicht zuletzt die Unterstützung für einen ständigen indischen Sitz im UN-Sicherheitsrat. Airbus gingen so 7 Milliarden US-Dollar verloren – und den Produktionsstandorten in Toulouse und Hamburg unzählige Arbeitsplätze.

Theoretisch wäre Europa allemal in der Lage, auch auf den «harten» Feldern des geostrategischen Engagements eine führende Rolle einzunehmen. Europa bietet nicht nur mehr Einwohner und Wirtschaftskraft als die Vereinigten Staaten auf, es hat mit Großbritannien und Frankreich zwei Atommächte in seinen Reihen und kann über zwei Veto-Sitze im Weltsicherheitsrat verfügen. Rüstungstechnisch sind die Asiaten noch immer im Hintertreffen, und selbst der gewaltige Vorsprung der Vereinigten Staaten ist nicht gottgegeben, sondern ein Produkt amerikanischen Willens. Aber so wahr es ist, dass nur ein politisch und letztlich militärisch respektiertes Europa seine Interessen befriedigend durchsetzen könnte, so wahr ist es auch, dass dazu die historischen Voraussetzungen und letztlich die Bereitschaft fehlen.

Die «Europäische Sicherheitsstrategie», die Javier Solana im Dezember 2003 vorgelegt hat, benennt die Bedrohungen Europas in durchaus realistischer Weise (Islamismus, Proliferation, Failing States), aber ein entschiedenes, abgestimmtes Vorgehen hat sich daraus nicht entwickelt. Der Versuch, eine gemeinsame Außenpolitik über die verfassungsrechtliche Hintertür zu erreichen, ist an den Referenden in Frankreich und Holland gescheitert. Auch die Bereitschaft, als Bündnis europäischer Hauptstädte aufzutreten und dergestalt als «europäische Supermacht» (Tony Blair) Einsatz zu zeigen, ist nicht wirklich gegeben; nur punktuell, wie in der Iranpolitik, finden sich gelegentlich ein paar Länder zusammen.

Nichts hat die europäische Zerrissenheit dramatischer vor Augen geführt als der Irakkrieg, der die EU spaltete und lange Zeit paralysierte. Auch eine (antiamerikanisch inspirierte) Achse der beiden größten europäischen Staaten reicht offenkundig nicht aus, ein Momentum zu begründen, dem die gesamte Union folgen würde. 25, demnächst 27 oder 28 Mitglieder mit ganz unterschiedlichen historischen Erfahrungen finden kaum mehr als den kleinsten gemeinsamen Nenner. Geeint spricht die Union nur zu allgemeinen und eher unverbindlichen Angelegenheiten: Menschenrechte, Stärkung der Vereinten Nationen, Umweltschutz, Armutsbekämpfung,

Krisenprävention, Dialog der Kulturen. In den handfesten Fragen der Weltpolitik hält sich Europa notgedrungen zurück. Nolens volens hat es sich in die Rolle des Zaungastes begeben, der die Entwicklungen außerhalb seiner Region nicht beeinflussen kann und bangend darauf hoffen muss, dass sie sich nicht gegen ihn wenden.

Ausgerechnet in einer weltpolitischen Phase, in der europäische Handlungsfähigkeit gefragter ist als je zuvor, hat der Integrationsprozess seinen Zenit überschritten. Das Nein der Franzosen und der Niederländer zu einer europäischen Verfassung reflektierte das ganze Unbehagen an einer Union, die keine Orientierung mehr bietet. Mit ihrer Politik der offenen Mitgliedschaft haben die Regierungschefs das europäische Zusammengehörigkeitsgefühl strukturell geschwächt. Die einen sehen in der EU einen neoliberalen Agenten der Globalisierung, der ihnen das Leben schwerer macht, andere betrachten die Union als Bürokratenmoloch, der nur noch überkommene Agrar- und Sozialstrukturen finanziert. Allen gemeinsam ist die Unzufriedenheit mit einer europäischen Politik, die immer mehr Geld und nationale Souveränitätsrechte beansprucht, ohne ihre Ziele zu definieren und – wo sie dies tut – ohne rechenschaftspflichtig zu sein. Während es früheren Politikergenerationen gelungen war, die natürlichen Unzulänglichkeiten der Integration mit einem historischen Projekt – der europäischen Versöhnung nach Jahrhunderten der Kriege – zu legitimieren, versagen ihre Nachfolger bei der Aufgabe, neuen Sinn zu stiften. In der Europaverdrossenheit der Bürger spiegelt sich vor allem die Planlosigkeit und die mangelnde Führungsfähigkeit der europäischen Eliten.

Auch wenn es nur wenige aussprechen: Die EU ist auf dem Weg zurück zur bloßen Freihandelszone. Während die Rufe nach einem politisch einigen Europa immer hohler klingen, beginnen die Mitgliedsländer langsam damit, ihre Außenpolitiken zu renationalisieren. Das macht die Lage nicht einfacher und erhöht den Handlungsdruck auf die europäischen Hauptstädte. Für die meisten europäischen Länder ergibt sich daraus eine Reihe neuer Prioritäten.

Um einen Platz als vergleichsweise wohlhabende und sichere Nation im pazifischen Jahrhundert zu verteidigen, muss sich die deutsche Politik auf drei Ziele konzentrieren: auf die Wiedergewinnung der wirtschaftlichen Dynamik, auf die Transformation zu einer Einwanderungs- und Bildungsgesellschaft sowie auf die Reparatur der Beziehungen zu den Vereinigten Staaten.

1. Kaum etwas schwächt eine Gesellschaft mehr als der Abschied vom Wachstumsziel. Postmoderne Theorien vom «qualitativen Wachstum» oder von einer «Wende zum Weniger» rauben den Menschen ihre Kräfte und den Optimismus. Eine Gesellschaft, die sich damit abfindet, ihren ökonomischen Niedergang sozial gerecht zu verwalten, verliert erst ihre Energie, dann den Respekt – und schließlich alles andere. Nur in einem vorwärts gerichteten, pulsierenden Land werden auch die «weichen» Stärken gedeihen, mit denen sich Deutschland im internationalen Wettbewerb behaupten will: seine lebendige Hoch- und Subkultur, sein Forschergeist, sein intellektuelles Klima. Der Ehrgeiz der asiatischen Nachholgesellschaften fordert den Westen längst nicht mehr nur in den «klassischen Disziplinen» der Produktion und Massenfertigung heraus, sondern auf den sensiblen Feldern der Wissenschaft, der Bildung und der Entwicklung.

Die ermüdenden deutschen Reformdebatten sind nicht auf der Höhe der Zeit. Der Kurs ökonomischer Genesung – der zwischen den politischen Lagern nur in Nuancen umstritten ist – orientiert sich zu sehr an der Rettung des Alten und zu wenig an der Erfindung des Neuen. Politikern aller Parteien fehlt der Mut, die Bürger mit dem Gedanken vertraut zu machen, dass die Zeiten der staatlichen Wohlfahrt für immer vorbei sind und dass eine Phase verstärkter ökonomischer Konkurrenz naht. Wenn es so etwas wie eine Maxime für die deutsche Antwort darauf gibt, dann hat sie Bundeskanzler Schröder in einfachen Worten formuliert. Bei der Einweihung des BMW-Werks in Leipzig sagte er im Mai 2005: «Wir werden teurer sein müssen als andere – deswegen müssen wir besser sein.»

Noch ist Deutschland auf vielen Gebieten führend: von Luxusartikeln wie Nobelkarossen oder High-End-Kücheneinrichtungen bis zur Prozesssteuerung und Automatisierung. In den Zukunftsbranchen der Informations- und Biotechnologie verliert das Land zwar an Boden, aber entschieden ist der Wettlauf noch nicht. Nur wenn Deutschland seine Vorsprünge hält und sie dort, wo sie verloren gingen, zurückerobert, wird es sich gegenüber den neuen Massenvolkswirtschaften behaupten können – als intelligenter Anbieter des jeweils Neuesten und des traditionell Hochwertigen.

Voraussetzung für Spitzenleistung bleibt der internationale Wettbewerb. Die Entwicklung offener Märkte gehört daher zu den wichtigsten Aufgaben einer verantwortungsbewussten Politik. Dabei kann die EU helfen – die zumindest in Angelegenheiten der Außenwirtschaftspolitik kein zahnloser Tiger ist. Berlin und andere europäische Hauptstädte sollten darauf drängen, dass Brüssel den Mitgliedsländern die Märkte Asiens weiter öffnet. Mit der Fixierung der EU auf multilaterale Regelungen im Rahmen der WTO gehen wertvolle Jahre verloren, in denen sich die Staaten Asiens untereinander und mit immer mehr anderen Ländern zu Freihandelszonen zusammenschließen. Europa entstehen dadurch schon seit geraumer Zeit beträchtliche Nachteile. Von Nutzen kann die EU auch sein, wo es darum geht, Wettbewerbsverzerrungen entgegenzutreten (wie in den Subventionsstreitigkeiten mit Amerika) und Umwälzungsprozesse zu dämpfen. Wenn die neu entfesselte Textilindustrie Chinas den westlichen Markt überrennt und über Nacht Zehntausende von Arbeitsplätzen hinwegfegt, ist Brüssel zumindest in der Lage, vorübergehend Dämme zu bauen.

Weil die Schattenseiten der Globalisierung immer deutlicher zutage treten, wächst in vielen Ländern des Westens der Ruf nach Protektionismus. Abwanderungen von Industrien und Dienstleistungszweigen nach Asien zu bestrafen wäre aber ebenso töricht, wie Zuwanderungen und Investitionen in Deutschland durch arbeitsrechtliche Schutzbestimmungen zu erschweren. Erträgliche Sozialstandards sind auf Dauer nicht durch Gesetze, sondern nur in einer florierenden und wettbewerbsfähigen Wirtschaft zu garantieren.

2. Die rohstoffarme Bundesrepublik wird auch weiterhin auf wissensbasierte Produkte angewiesen sein. Weil dies ebenso für weite Teile Asiens gilt, lässt sich der wachsenden Konkurrenz nur mit leidenschaftlichem Wettkampf beikommen. Bislang ist Deutschland nicht ernsthaft in den «Krieg um die besten Köpfe» eingetreten. Wo andere Länder weltweit High Potentials anwerben und zu Musterbedingungen an ihre Universitäten und in die Unternehmen holen, schreckt Deutschland mit Bürokratie, Ausländerämtern und Wohnungsnot ab. Um den Brain Drain Richtung Ausland aufzuhalten und den nach Deutschland einzuleiten, müssen die Forschungs- und Arbeitsbedingungen wieder auf Weltniveau gebracht werden.

Dass Deutschland als Bildungsstandort ins Mittelmaß gerutscht ist, gehört spätestens seit der Pisa-Studie zum Allgemeingut. Anstrengungen, die Lage zu verbessern, sind unübersehbar. Anders als noch vor zehn Jahren bieten Universitäten heute selbstverständlich englischsprachige Seminare an, die Abschlüsse werden langsam den internationalen Standards angepasst, Studiengebühren erhöhen den Wert der Ausbildung und zwingen zu verdichteten Curricula. Dennoch ist es Deutschland nicht gelungen, auf dem internationalen Markt der besten Bildungseinrichtungen Fuß zu fassen. In einer weltweit vergleichenden Studie der Shanghai Jiao Tong University taucht die erste deutsche Universität – die Technische Hochschule München – auf Platz 45 auf. Das «World University Ranking» der Times Foundation verortet die Universität Heidelberg als beste deutsche Hochschule auf Platz 47. Nicht nur hoch entwickelte asiatische Staaten wie Japan und Singapur schneiden besser ab als Deutschland, sondern auch ökonomische Schwellenländer wie China und Indien.

Noch unbefriedigender ist die Lage an den Schulen. Im Vergleich zu den Privatschulen Asiens, die vom Mittelklassennachwuchs frequentiert wird, bieten deutsche Grundschulen und Gymnasien einen beschämenden Standard. Die beliebten Cambridge Primary Schools in Indien garantieren für monatlich 40 Euro nicht nur erstklassigen Unterricht, sie bieten ihren Schülern auch Yogakurse, Theaterunterricht und Orchester an. Klassen mit fünfzehn Schülern gelten als groß, die Kinder werden morgens abgeholt und nachmittags nach Hause gebracht. In weniger elitären Schulen fallen Betreuung und Ausstattung etwas magerer aus, aber auch dort werden ab der ersten Klasse drei Sprachen gelehrt.

Schon heute studieren mehr Asiaten als Europäer. Weil viele Staaten aufwendig in ihre Bildungssysteme investieren und in Asien bald zehnmal mehr Menschen leben als in der EU, wird es nicht lange dauern, bis die Alte Welt auch in ihrer traditionellen Domäne – dem Wissen – ins Hintertreffen gerät. Einem Land wie Deutschland bleibt daher gar nichts anderes übrig, als seine Grenzen für gut ausgebildete junge Asiaten zu öffnen. Der Mangel an nennenswerten Einwanderergemeinschaften aus der Region bringt Deutschland schon heute Nachteile im Wettbewerb mit Amerika und Großbritannien. Die dort arbeitenden Asiaten sind überproportional in Zukunftsbranchen tätig und bauen wertvolle Brücken in ihre Heimatländer.

Um mehr Asiaten nach Deutschland zu locken, ist ein stärkeres Auslandsengagement vonnöten. Im Vergleich zu anderen Ländern stellt sich die Bundesrepublik im Ausland zurückhaltend dar. Die Botschaften sind gemessen an den Vertretungen Großbritanniens und Frankreichs schwach besetzt. Auch die Goethe-Institute leiden unter Einsparungen; selbst im Boomland Indien werden Institute geschlossen. Das ist ein schwerwiegendes Versäumnis, denn Kulturveranstaltungen und Sprachkurse ziehen viele junge Asiaten an und bringen nicht gerade die Unbegabtesten dazu, sich intensiver mit Deutschland zu befassen. Ihnen fehlen Anlaufstellen, die sie beraten und auf eine Ausbildung in Deutschland vorbereiten könnten. Den denkbar einfachsten Zugang zu Deutschland bietet das Fernsehen. Immer mehr Asiaten stellen sich Satellitenschüsseln aufs Dach und können mühelos Programme aus aller Welt empfangen. Dass Berlin vor diesem Hintergrund nicht den Aufbau eines international wettbewerbsfähigen Senders fördert, ist unbegreiflich. *Deutsche Welle TV* kann knapper Mittel wegen nicht ansatzweise mit der *BBC* mithalten. Da die bestens ausgestatteten Sendeanstalten von *ZDF* und *ARD* aus öffentlichen Geldern finanziert werden, dürfte eine Synergie nicht allzu viele Kosten verursachen. Ein international beachteter Sender, der Weltpolitik und -wirtschaft professionell begleitet, vielleicht sogar mit eigenen Nachrichten auf sich aufmerksam macht, würde das Interesse an Deutschland beträchtlich erhöhen. Nichts wirbt wirkungsvoller für einen Arbeits- und Produktionsstandort als auswärtige Kulturpolitik – das Stiefkind aller Bundesregierungen.

3. Weil der EU für den großen Auftritt in Asien der Wille fehlt und den einzelnen Mitgliedsstaaten die Kraft, werden die europäischen Hauptstädte in den Fragen der Sicherheitspolitik das Bündnis mit einer größeren Macht suchen müssen. Diese wird noch für längere Zeit Amerika heißen. Auf den meisten relevanten Gebieten – bei der Abwehr des islamistischen Terrorismus, im Kampf gegen die Proliferation sowie bei der Stabilisierung von so genannten Failing States und asiatischer Konfliktregionen – sind die europäischen Interessen fast identisch mit denen der Supermacht. Berlin, Paris und andere Hauptstädte täten gut daran, dies als Glücksfall zu begreifen und die gemeinsamen Ziele zu betonen statt die bisweilen unterschiedlichen Auffassungen über Verfahrensweisen.

Im intelligenten Zusammenspiel mit Washington können die europäischen Hauptstädte einiges erreichen. Die gefährliche Brüskierung, die viele Muslime durch das Vorgehen Amerikas empfinden, lässt sich durch verständnisvolle europäische Umgangsformen wirkungsvoll dämpfen. Voraussetzung ist, dass die Muslime den amerikanischen «Krieg» und die europäische «Dialogbereitschaft» als zwei Seiten derselben – westlichen – Medaille wahrnehmen. Zurzeit gefallen sich viele europäische Hauptstädte darin, sich als der «bessere Westen» zu präsentieren. Das schadet dem Verhältnis zu den Vereinigten Staaten, ohne der Sache, dem Zurückdrängen islamistischer

Aggressionen, zu nützen. Auch vom entschiedenen Eintreten Washingtons gegen die Weiterverbreitung von Massenvernichtungswaffen profitiert Europa in hohem Maße. Der alte Kontinent ist schlecht gegen Raketenangriffe gerüstet und liegt geographisch näher an den meisten potenziell gefährlichen Ländern als die Vereinigten Staaten. Dass Länder wie Iran oder auch Syrien glauben dürfen, in Amerika einen Feind und in Europa Freunde zu haben, unterminiert den unerlässlichen Druck aus Washington.

Bei der Sicherung von Energiequellen sind Rivalitäten mit Washington programmiert. Im großen Spiel, das Amerika, China und Indien derzeit im rohstoffreichen Raum Zentral- und Westasiens austragen, haben die Europäer keinen Platz – und keine der beteiligten Mächte ist unglücklich darüber. Ob die energiepolitischen Beziehungen zu Russland stabil bleiben und die schwindenden Nordseereserven auszugleichen helfen können, wird zuweilen bezweifelt. Auch die Konzentration auf neue, regenerative Energien ist riskant, weil bislang weder deren Kapazitäten noch deren Wirtschaftlichkeit berechenbar sind. In Ermangelung eigener Gestaltungsmöglichkeiten im west- und zentralasiatischen Raum dürften Länder wie Deutschland daher nicht umhinkommen, die – gesellschaftlich umstrittene – Atomkraft zu reaktivieren, die zwar durch die rot-grüne Energiepolitik technologisch und exportwirtschaftlich zurückgefahren wurde, aber rasch wieder auf Weltniveau geführt werden könnte.

Zur Schicksalsfrage wird die Positionierung im Konflikt der Zukunft – dem Kräftemessen zwischen Amerika und China. Die europäischen Hauptstädte müssen sich entscheiden, ob sie Washingtons nicht erklärte, aber offenkundige Eindämmungsstrategie gegenüber der Volksrepublik unterstützen oder konterkarieren wollen. Berlin und Paris haben in den vergangenen Jahren den Eindruck erweckt, sie sähen im «Reich der Mitte» einen Hebel zur Beendigung der ungeliebten amerikanischen Vorherrschaft. Ihr unverdrossenes Eintreten für ein Ende des Waffenembargos gegenüber China – das nicht einmal in ihren eigenen Ländern auf Zustimmung stößt – hat Washington beinahe so sehr verärgert wie die radikale Kritik am Irakkrieg. Amerika ist sich durchaus bewusst, dass eine Achse Paris-Berlin-Moskau-Peking langfristig das Potenzial hätte, die Supermacht (selbst im Bündnis mit Indien und Japan) auszubalancieren. Aber für Berlin und auch für Paris lohnt es sich, zweimal darüber nachzudenken, ob sie dabei auf der richtigen Seite stehen.

Den beiden größten Ländern Europas mag es verführerisch erscheinen, mit dem wichtigsten Energielieferanten und dem zukunftsträchtigsten Wirtschaftspartner ein Bündnis einzugehen. Sie werden zudem von der berechtigten Sorge umgetrieben, dass Peking im Konfliktfall allzu amerikafreundliche Staaten mitbestrafen könnte, was einen gewissen Abstand nahe legt. Andererseits sollte nicht in Vergessenheit geraten, dass der Vorrat an gemeinsamen Interessen mit China – von Werten zu schweigen – begrenzt ist. Weder in Peking noch in Moskau haben sich politische Systeme etabliert, deren Bestand gesichert und deren Politik berechenbar wäre. Bei allen Differenzen mit einem robuster und nationalistischer auftretenden Amerika dürften die Staaten Europas in einer alten und stabilen Demokratie daher noch lange Zeit den verlässlicheren Partner finden.

Komfortabel ist die Lage nicht. Statt sich wie die Vereinigten Staaten mit Kraft und kühler Leidenschaft in die Welt von morgen zu stürzen, müssen die Europäer improvisieren und Überlebensnischen finden. Den Dirigentenstab haben sie schon länger aus der Hand gelegt, nun könnten sie sich daran gewöhnen müssen, auch noch zum Takt der anderen zu tanzen. Von allen gemocht, von niemandem gefürchtet, haben sie sich freiwillig auf den Weg an den politischen Rand begeben. Weil ihnen Macht fremd geworden ist, überlassen sie die Zukunft anderen.

ANHANG

Literatur und Quellen

Abbé, Jean Antoine: Leben und Riten der Inder. Kastenwesen und Hinduglaube in Südindien um 1800, Bielefeld 2002 (auf Grundlage der französischen und englischen Ausgaben von 1825 und 1906).

Ali, Tariq: The Clash of Fundamentalisms – Crusades, Jihads and Modernity, London 2002.

Allison, Graham: Nuclear Terrorism. The Ultimate Preventable Catastrophy, New York 2004.

Bersick, Sebastian: Auf dem Weg in eine neue Weltordnung? Zur Politik der interregionalen Beziehungen am Beispiel des ASEM-Prozesses, Baden-Baden 2004.

Bracken, Paul: Fire in the East. The Rise of Asian Military Power and the Second Nuclear Age, New York 2000.

Buruma, Ian/Margalit, Avishai: Okzidentalismus. Der Westen in den Augen seiner Feinde, München 2005.

Chang, Gordon G.: The Coming Collapse of China, New York 2001.

Chaturvedi, Sachin/Rao, S. R. (Hrsg.): Biotechnology and Development. Challenges and Opportunities for Asia, Singapur 2004.

Collis, Maurice: Raffles. The Definitive Biography, Singapur 1982 (erstmals 1968).

Cossman, Brenda/Kapur, Ratna: Secularism's Last Sigh? Hindutva and the (Mis)Rule of Law, Delhi 1999.
Council on Foreign Relations: New Priorities in South Asia: U.S. Policy towards India, Pakistan, and Afghanistan, New York 2003.
Datta-Ray, Sunanda K.: Waiting for America. India and the US in the New Millennium, Delhi 2002.
Ewans, Martin: Afghanistan. A Short History of its People and Politics, New York 2002.
Fernando, Leonard/Gispert-Sauch, G.: Christianity in India. Two Thousand Years of Faith, Delhi 2004.
Friedman, Thomas L.: The World is Flat. A Brief History of the Twenty-First Century, New York 2005.
George, Cherian: Singapore. The Air-Conditioned Nation, Singapur 2000.
Gilboy, George J.: The Myth behind China's Miracle, in: Foreign Affairs, Juli/August 2004.
Glasenapp, Helmuth von: Die fünf Weltreligionen. Hinduismus, Buddhismus, Chinesischer Universismus, Christentum, Islam, München 2001.
Goethe, Johann W. von: West-Östlicher Diwan, Zürich 2004.
Gunaratna, Rohan: Inside Al Qaeda. Global Network of Terror, Delhi 2002.
Hegel, Georg Wilhelm Friedrich: Vorlesungen über die Philosophie der Geschichte, Werke Bd. 12, Frankfurt a.M. 1986.
Institute of South East Asian Studies (Hrsg.): South East Asian Affairs 2004, Singapur 2004.
Kagan, Robert: Macht und Ohnmacht. Amerika und Europa in der neuen Weltordnung, München 2003.
Kanungo, Pralay: RSS's Tryst with Politics. From Hedgewar to Sudarshan, Delhi 2002.
Kennedy, Paul: The Rise and Fall of the Great Powers, New York 1987.

Krieger, Martin: Geschichte Asiens, Köln 2003.
Lehnartz, Sascha: Global Players. Warum wir nicht mehr erwachsen werden, Frankfurt a.M. 2005.
Lingle, Christopher: Singapore's Authoritarian Capitalism. Asian Values, Free Market Illusions, and Political Dependency, Barcelona 1996.
Maull, Hanns W./Segal, Gerald/Wanandi, Jusuf: Europa und der Asiatische Pazifik, München 1999.
Medeiros, Evan S./Fravel, M. Taylor: China's New Diplomacy, in: Foreign Affairs, November/Dezember 2003.
Mohan, C. Raja: Crossing the Rubicon. The Shaping of India's New Foreign Policy, Delhi 2003.
Naipaul, V. S.: Among the Believers. An Islamic Journey, London 1981.
Nolte, Paul: Generation Reform. Jenseits der blockierten Republik, München 2004.
Richardson, Michael: A Time Bomb for Global Trade. Maritime-related Terrorism in an Age of Weapons of Mass Destruction, Singapur 2004.
Samudavanija, Chai-Anan: Thailand: State-Building, Democracy and Globalization, Bangkok 2002.
Schmidt, Helmut: Die Mächte der Zukunft. Gewinner und Verlierer in der Welt von morgen, Berlin 2005.
Schöllgen, Gregor: Der Auftritt. Deutschlands Rückkehr auf die Weltbühne, München 2003.
Seidl, Claudius: Schöne junge Welt. Warum wir nicht mehr älter werden, München 2005.
Seitz, Konrad: China. Eine Weltmacht kehrt zurück, Berlin 2000.
Sieren, Frank: Der China Code. Wie das boomende Reich der Mitte Deutschland verändert, Berlin 2005.
Sinn, Hans-Werner: Ist Deutschland noch zu retten?, München 2003.

Spengler, Oswald: Der Untergang des Abendlandes. Umrisse einer Morphologie der Weltgeschichte, München 1981 (erstmals 1923).

Studwell, Joe: The China Dream. The Quest for the last Untapped Market of the World, New York 2002.

Stürmer, Michael: Die Kunst des Gleichgewichts. Europa in einer Welt ohne Mitte, Berlin 2001.

Thapa, Manjushree: Forget Kathmandu. An Elegy for Democracy, Delhi 2005.

Todd, Emmanuel: Weltmacht USA. Ein Nachruf, München 2003.

Ulrich, Bernd: Deutsch, aber glücklich. Eine neue Politik in Zeiten der Knappheit, Berlin 1997.

Weggel, Oskar: Die Asiaten, München 1989.

Woodward, Bob: Bush at War, New York 2002.

Xinbu, Wu: The Promise and Limitations of a Sino-U.S. Partnership, in: The Washington Quarterly, Herbst 2004.

Zakaria, Fareed: Das Ende der Freiheit? Wieviel Demokratie verträgt der Mensch?, Frankfurt 2005.

Interviews und Hintergrundgespräche u.a. mit Joschka Fischer, Wolfgang Gerhardt, Goh Chok Tong, Jusuf Habibie, Lee Kuan Yew, Franz von Magnis-Suseno, Kittisak Prokati, Wolfgang Schäuble, Gerhard Schröder, Manmohan Singh, Atal Bihari Vajpayee, Abdurrahman Wahid.

Danksagung

Nie wäre das Buch entstanden ohne die jahrelangen Grundsatzdiskussionen mit meinen Freunden Dirk Kurbjuweit, Sascha Lehnartz und Jan Ross. Für professionelle Anregungen bedanke ich mich bei Oliver Müller, Raja C. Mohan, Christoph Bertram, Bambang Harymurti, Koh Buck Song, V. Sudarshan, Günther Nonnenmacher, Peter Sturm, Nikolas Busse, Bernd Ulrich, Andrea Fischer und Kathrin Göring-Eckardt. Kritisch gegengelesen haben Isabell Poppelbaum, Can Merey und nicht zuletzt Kai Hauerstein, ohne den ich Asien nicht so früh kennen gelernt hätte. Die meiste Arbeit aber hatte mein Lektor Frank Wegner. Ein besonderer Dank gilt Alexander Fest, der mich in früheren Zeiten nicht immer für seine Ideen gewinnen konnte und nun bereit war, sich auf mein Thema einzulassen.

Abkürzungen

ADB, «Asian Development Bank», deutsch: Asiatische Entwicklungsbank

Apec, «Asia-Pacific Economic Cooperation», deutsch: Asiatisch-Pazifisches Wirtschaftsforum, ein jährlich abgehaltenes Gipfeltreffen der Staats- und Regierungschefs der pazifischen Anrainerstaaten Asiens und Amerikas

ARF, «Asean Regional Forum», eine jährlich abgehaltene Konferenz zur Sicherheitspolitik, an der neben den Asean-Staaten auch die Vereinigten Staaten, China, Russland, Japan, Korea, Indien, Pakistan und andere Länder teilnehmen (die EU hat Beobachterstatus)

Asean, «Association of South East Asian Nations», die 1967 gegründete «Vereinigung Südostasiatischer Staaten» (Mitglieder: Indonesien, Thailand, Malaysia, Singapur, Philippinen, Brunei, Vietnam, Kambodscha, Burma, Laos)

Asem, «Asia Europe Meeting», eine alle zwei Jahre stattfindende Konferenz europäischer und asiatischer Staaten, zu der Regierungschefs oder Außenminister anreisen

BJP, «Bharatiya Janata Party», indische Volkspartei

CIA, «Central Intelligence Agency», Geheimdienst der Vereinigten Staaten

CTBT, «Comprehensive Nuclear Test Ban Treaty», deutsch: Atomteststopp-Abkommen

EU, «Europäische Union»

IAEA, «International Atomic Energy Agency», deutsch: Atomenergiebehörde. Sitz in Wien

IMF, «International Monetary Fund», deutsch: Internationaler Währungsfonds» (IWF). Sitz in Washington

JI, «Jemaah Islamiah», Terrororganisation mit Basis in Indonesien

NPT, «Nonproliferation Treaty», deutsch: Nichtverbreitungs- oder Kernwaffensperrvertrag

MMA, «Muttahida Majilis-e-Amal», parlamentarisches Bündnis mehrerer Islamistengruppierungen in Pakistan

RAF, «Rote Armee Fraktion», deutsche Terrorgruppe der siebziger und achtziger Jahre

RSS, «Rashtriya Swayamsevak Sangh», indische Mutterorganisation der hindunationalistischen Familie

Saarc, «South Asian Association for Regional Cooperation», deutsch: «Südasiatische Vereinigung für Regionale Zusammenarbeit» (Mitgliedsländer Indien, Pakistan, Bangladesh, Sri Lanka, Nepal, Malediven, Bhutan)

UN, «United Nations», deutsch: Vereinte Nationen

WTO, «World Trade Organisation», deutsch: Welthandelsorganisation

Lothar Späth

Strategie Europa
Ein Zukunftsmodell für die globalisierte Welt

272 Seiten. Gebunden

«Lothar Späth ist der Grandseigneur der deutschen Unternehmer und Politiker!» (Handelsblatt)

Das viel gescholtene Europa wird der Impulsgeber auf dem Weg in eine offene Weltgesellschaft sein und Deutschland der Motor eines integrierten Europas – Lothar Späth, renommierter Politiker und Unternehmer, erklärt uns, warum. Scharfsinnig und pointiert analysiert er, wie wir uns politisch und wirtschaftlich die Kräfte der Globalisierung zunutze machen können. Ein optimistisches Buch über eines der wichtigen Themen unserer Zeit.

Rowohlt

Kasachstan
früherer Verlauf
Aralsee
Balchaschsee
Mongolei
Syr-Darja
Almaty
Ürümqi
Usbekistan
Bischkek
Amu-Darja
Taschkent
Kirgisistan
Turkmenistan
Duschanbe
Tadschikistan
Aschgabad
NORTHERN AREAS
(pak.)
AKSAI-CHIN
(von Indien beansprucht, unter chin. Verwaltung)
Maschhad
Kabul
(ind.)
KASCHMIR
China
Islamabad
Afghanistan
Mekong
TIBET
Lhasa
Iran
Quetta
Brahmaputra
Nepal
Mount Everest
Indus
Bhutan
Neu-Delhi
Kathmandu
Pakistan
Ganges
Abu Dhabi
Karatschi
Dhaka
VAE
Maskat
Kolkata
(Kalkutta)
Mandalay
Indien
Bangla-desch
Burma
(Myanmar)
Oman
Godawari
Mumbai
(Bombay)
Arabisches Meer
Krishna
Golf von Bengalen
Yangon
(Rangun)
Bangalore
Chennai
(Madras)
Andamanen
(ind.)
Sri Lanka
Phuket
Nikobaren
(ind.)
Colombo
Banda Aceh
Malediven
Medan
quator
Seychellen
Indischer Ozean